김남국 목사의
창세기 파헤치기 1

맨 처음 말씀

김남국
창세기 파헤치기 1

맨 처음 말씀

지은이 | 김남국
초판 발행 | 2014. 1. 6
개정 6쇄 발행 | 2023. 3. 10.
등록번호 | 제1988-000080호
등록된 곳 | 서울특별시 용산구 서빙고로65길 38
발행처 | 사단법인 두란노서원
영업부 | 2078-3352   FAX | 080-749-3705
출판부 | 2078-3331

책 값은 뒤표지에 있습니다.
ISBN 978-89-531-2387-8 04230
ISBN 978-89-531-2278-9 04230 (세트)

독자의 의견을 기다립니다.
tpress@duranno.com   www.duranno.com
.
· 이 책은 김남국 목사의 창세기 파헤치기 1 ≪너의 본질을 아느냐≫의
  표지와 제목을 바꿔 개정했습니다. 내용은 동일합니다.

김남국 목사의
창세기 파헤치기 1

맨 처음
말씀

두란노

성경, 어떻게 읽을 것인가

오롯이 귀 기울이라

여러분에게 성경은 어떤 책입니까? 재미있고 즐거운 하나님의 말씀인가요? 아니면 교양으로 읽는 이스라엘 역사서 또는 흥미롭기도 하고 지루하기도 한 문학 작품? 아니면 살아 계신 하나님의 말씀?

내가 성경을 처음 접한 것은 중학교 3학년 때였습니다. 성경 공부를 제대로 하기 시작한 것은 고등부에 올라가고 나서부터였지요. 당시 내게 성경은 불교 고승(高僧)들의 이야기나 그리스 신화와 별반 다르지 않았습니다. 그저 재미있는 이야기에 불과했습니다.

그런데 고2 때 주님을 만나고서부터 모든 것이 달라졌습니다. 그때부터 성경은 내게 단순한 이야기가 아닌 생명과 진리, 그 자체가 되었습니다. 나는 '성경은 100퍼센트 진리'라고 믿습니다. 하나님이 성경을 통해서 스스로를 드러내신다고, 즉 계시(啓示)하신다고 믿는다는 뜻입니다.

문제는 100퍼센트 믿는다고 해서 갑자기 깨달아지는 일은 없다는 것입니다. 목사가 된 지금도 성경은 알면 알수록 헤아리기 힘들고 그 깊이와 넓이를 가늠조차 하기 힘든 책입니다. 그럼에도 목사로 부르심을 입고 제일 감사한 것은 하나님의 말씀을 먼저 깨닫게 하시고 은혜 받게 하신다는 것입니다. 그중에 창세기는 개인적으로 성경이 너무나 재미있는 하나님의 말씀임을 가르쳐 준 첫 번째 책이자 하나님이 얼마나 크신 분인지를 알려 준 책이기도 합니다.

"태초에 하나님이 천지를 창조하시니라"(창 1:1).

하나님은 스스로를 '시간과 공간의 창조주'로 소개하셨습니다. 피조물은 하나님이 만드신 '시간'과 '공간' 안에서 살아가야 하는 존재입니다. 시간과 공간의 제약을 받는 피조물이 창조주 하나님을 스스로 알아갈 수 있을까요? 단연코 그럴 수 없습니다! 몇 백 광년이나 떨어져 있는 먼 우주의 실체를 앉은자리에서 알 수 없는 것처럼 말입니다.

창조주 하나님만이 시간과 공간을 초월하여 존재하십니다. 따라서 존재하는 모든 것에 대해 알고 계신 분은 하나님 한 분뿐입니다. 그러니 하나님을 알고 세상을 알려면 어떻게 해야 합니까? 창조주이신 하나님을 철저히 의지하는 수밖에 없지요. 결국 하나님이 우리에게 알려 주신 '계시'된 성경에 의존할 수밖에 없습니다.

하나님은 성경을 통해 당신이 어떤 분인지를 드러내셨지만 단순한 소개서가 아닙니다. '인류 역사 속에서 말씀하시는 하나님'을 드러내는 책입니다.

그런데 놀라운 것은 신앙생활을 오래했음에도 성경에 대해서 잘 모르는 성도가 많다는 사실입니다. 그 이유는 성경을 너무 산발적으로 알고 있기 때문입니다. 많은 성도가 성경을 부분별로만 알고 있던가, 아니면 교리적으로 또는 주제별로만 알고 있습니다. 이것이 나쁘거나 틀렸다는 것이 아니라 성경은 이야기로 되어 있기에 먼저 그 내용을 알아야 한다는 것입니다. 드라마의 전체 줄거리를 알면서 지금 내가 몇 편째를 보고 있는지를 알아야 그 내용을 정확히 이해할 수 있기 때문입니다.

'역사' 이야기를 좋아하는 사람들은 대하드라마를 즐겨 봅니다. 방영 기간이 길고 규모가 매우 큰 대하드라마를 제대로 보려면 1, 2편을 꼭 봐야 합니다. 그 안에 극의 배경과 복선이 깔려 있기 때문입니다. 그래서 중간부터 본 사람들은 1편부터 다시 챙겨 보게 되지 않습니까?

그런데 참으로 이상한 것은, 많은 그리스도인이 〈조선왕조 500년〉이 명함을 못 내밀 정도로 긴 하나님의 대하드라마인 성경을, 그것도 1, 2편을 보지 않고도 별로 궁금해하지 않는다는 것입니다. 1, 2편을 안 보고도 성경을 이해하는 데 아무런 문제가 없던가요, 전혀? 과연 그렇습니까?

아닙니다. 그렇지 않습니다. 하나님의 대하드라마의 1, 2편에 해당되는 창세기 1–11장을 이해하지 못하면 성경의 흐름을 이해할 수 없습니다. '대하드라마' 탄생의 배경과 주제가 모두 여기에 담겨 있기 때문입니다. 창세기 1-11장은 창세기의 선언이자 모세오경의 선언이며 성경 전체의 선언입니다. 이 부분이 이해돼야 창세기가 이해되고, 창세기가 이해돼야 모세오경이 뚫리고, 성경 전체가 뚫리게 되어 있습니다.

창세기 1-2장을 모르면 하나님의 크심과 창조와 그 목적을 알 수 없습니다. 이것을 알아야 3-4장에서 등장하는 죄와 구원의 시작을 이해할 수 있습니다. 우리가 궁금해 마지않는 '세상은 왜 모순 덩어리일 수밖에 없는가'라는 질문에 대한 해답을 비로소 찾을 수 있는 것입니다. 이것을 이해해야 그다음 5-9장에서 인류의 죄악과 타락의 깊이가 보이고, 하나님의 넉넉하신 사랑과 열심을 볼 수 있게 됩니다. 아울러 10-11장을 통해서는 죄에 물든 인류는 흩어짐을 면할 수 없으며, 인간에게는 하나님의 은혜 외에 다른 소망이 없다는 것을 깨닫게 됩니다.

죄의 영향력을 극복할 수 없음에 깊이 절망할 때 비로소 구원을 위한 하나님의 간섭하심이 유일한 소망임을 깨닫습니다. 그 시작이 바로 믿음의 조상 아브라함을 선택하신 사건입니다. 창세기 1-11장을 제대로 알지 못하면 12장부터 아브라함을 통해 보여 주시는 '선택과 믿음'의 깊이를 이해할 수 없습니다. 하나님의 택하심과 아브라함의 믿음을 이해하지 못하면서 성경 전체를 이해한다는 것은 불가능한 일입니다. 따라서 창세기 1-11장은 성경을 이해하는 데 있어서 꼭 필요한 부분입니다.

역사적으로 보면 '계시'의 말씀이 흐려지는 때가 곧 기독교가 타락하는 때임을 알 수 있습니다. 개인적으로 이 시대에 하나님의 말씀을 연구하고 설명하는 책들이 더욱 많아졌으면 하는 바람이 있습니다. 그런 바람으로 이 책을 썼지만 지식이 많다고 해서 말씀을 올바로 이해하는 것은 아니라는 것을 분명히 밝히고 싶습니다. 하나님의 말씀인 성경은 먼저 믿어야만 비로소 이해할 수 있는 책이기 때문입니다.

성경을 연구하면서 느끼는 것은 하나님의 말씀은 몇몇 사람의 실력으로는 도저히 담을 수 없을 만큼 깊고도 넓다는 것입니다. 나의 창세기 연구는 그에 비해 아주 조그마한 부분을 비출 뿐입니다.

창세기 1–11장을 다룬 이 책은 수년에 걸쳐서 청년들에게 바이블 캠프에서 강의한 내용들 중에 각 장의 핵심만을 선별하여 담았습니다. 성도들이 꼭 알았으면 하는 내용을 중심으로 선별하다 보니 미처 담지 못한 내용이 많습니다. 일반 성도들이 이해하기 쉽게 쓰려고 노력했는데, 탈고하고 나면 늘 아쉬움만 넘칩니다. 그래도 성도들이 한 번 읽고 덮는 책이 아니라 창세기 1–11장 안에서 궁금하거나 의문이 들 때마다 다시금 찾아보며 신앙에 도움이 되었으면 하는 마음으로 이 책을 썼습니다. 주님의 말씀을 가까이하는 것이 복입니다. 하나님의 말씀이 이 땅 가운데 흥왕하기를 꿈꾸며 기대합니다.

이 책이 나오기까지 쉽지 않은 과정이 있었습니다. 그럼에도 이렇게 나올 수 있었던 것은 먼저 하나님의 도우심과 뒤에서 기도와 사랑으로 함께해 준 주내힘교회 성도들이 있었기 때문입니다. 또한 성경공부를 같이한 둘로스선교회, 연합으로 함께한 마커스커뮤니티에게도 감사드립니다. 특히 옆에서 책이 나올 수 있도록 도와준 주내힘교회의 김지원, 서찬극, 황시온 부교역자와 포항 포스텍교회 강신철 목사, 뒤에서 땀흘려 수고해 준 조소희 간사에게 고마움을 전합니다. 그리고 항상 가르침을 주시는 남포교회 박영선 목사님과 주님이 맡겨 주신 사역에 전념할 수 있도록 희생해 준 사랑하는 아내에게 가장 큰 감사를 드립니다.

언제나 그 자리에서
김남국 목사

CONTENT

성경, 어떻게 읽을 것인가 _04

프롤로그 _14

Part 1
내가 너를 지었다 _창 1-2장

Chapter 1. 엿새 동안의 일을 네가 아느냐

선 긋기에서부터 계시가 시작되다 _30 | 창조는 흑암에서 빛으로 이끄는 것이다 _33 | 하루, 이틀, 사흘 위에 나흘, 닷새, 엿새 _36 | 계획적으로 마음을 다해 성의 있게 _40 | 창조, 목적을 향해 달리다 _43

Chapter 2. 네가 누구인지 아느냐

너에게 나를 나누어 주었다 _48 | 인간, 하늘과 땅을 잇는 존재 _52 | 너를 위하여 안식하였다 _53 | 안식은 에덴 밖에서는 찾을 수 없다 _56 | 너를 위하여 돕는 배필을 주었다 _60 | 인간 행복의 끝 _64

Part 2
네가 죄를 선택했다 _창 3-4장

Chapter 3. 아담아, 네가 어디에 있느냐

왜 선악과인가? _70 | 검은 유혹, 과녁을 벗어난 질문 _72 | 선을 행할 능력을 잃다 _77 | 수치를 깨닫다 _79 | 인류 역사상 최초의 재판 _81 | 수고로움과 죽음, 저주의 시작 _83

Chapter 4. 네가 내 마음을 아느냐

형벌보다 복음이 먼저다 _88 | 하나님 아버지의 마음 _90 | 내 눈이 타락을 볼 때 하나님은 구원을 보신다 _92 | 포기하지 않으시는 하나님 _94

Chapter 5. 에덴 밖에서 네가 찾은 것이 무엇이냐

무엇이 예배인가 _97 | 둘 중에 하나, 무엇이 문제인가 _99 | 윤리나 도덕이 아닌 중심의 문제 _101 | 아벨의 핏소리 _103 | 땅이 저주하리라 _108 | 한 배에서 난 두 인류 _111

Chapter 6. 가인아, 너의 방황을 역사라고 부르더구나

도시의 탄생 _115 | 화려함 밖에는 보여 줄 것이 없다 _117 | 라멕의 법을 따르는 세상 _120

Part 3
나는 구원한다 _창 5-9장

Chapter 7. 내가 너와 동행했다

아들은 아버지를 닮는다 _131 | 죽음의 족보 속에 감춰진 비밀 _134 |
동행이 무엇이냐 _138

Chapter 8. 노아야, 창문을 닫아라

옛날이야기가 아니다 _144 | 120년, 사람의 날 _148 | 네피림에 속지 마
라 _152 | 왜 노아인가? _154 | 칠할 것으로 칠하라 _158 | 거룩을 배우다
_162 | 씨를 보전하라 _169 | 구원과 심판을 가르는 것 _174 | 방주는 삶과
죽음을 가른다 _176

Chapter 9. 노아야, 밖으로 나오너라

향기로운 제물을 받으시다 _189 | 노아와 아브라함의 평행이론 _193 | 약
육강식의 세계라도 피째 먹지 말라 _195 | 무지개를 보라 _198 | 환난 속에
언약을 감추시다 _203 | 죄에서 자유로울 수 없다 _206 | 왜 저주가 합당한
가? _211 | 죄는 똥과 같다 _215

Part 4
절망하라 그래야 소망을 보리라 _창 10-11장

Chapter 10. 너는 섞고 나는 구별한다

니므롯의 나라 _222 | 가나안을 바라보라 _227 | 다른 씨를 나누다 _230

Chapter 11. 높게 쌓을수록 멀리 흩어지리라

높이 쌓자 _234 | 두 번째 바벨탑을 주의하라 _237

Chapter 12. 나는 다른 씨를 준비한다

아브람의 아버지, 데라 _242 | 아브람의 길, 아브라함의 길 _244 | 내가 보는 것을 너도 볼 수 있느냐 _246

에필로그 _250

창세기는 역사다

창출레민신은
잊어라

성경은 이스라엘 역사서도 아니고 홍미로운 문학 작품은 더더욱 아닙니
다. 성경은 역사라는 배경 위에 쓰인 하나님의 말씀입니다. 따라서 창세
기를 이해하려면 역사적 배경부터 알아야 합니다.

성경 66권 중 구약 39권의 첫 다섯 권인 '창세기, 출애굽기, 레위기, 민
수기, 신명기'를 '모세오경(五經)'이라고 하는데, 모세가 기록한 것으로
보기 때문에 붙은 이름입니다(과연 모세가 저자인가 하는 논쟁은 이 책의 주제에서 벗
어나므로 논외(論外)로 하겠습니다).

그런데 모세는 출애굽 시대의 인물입니다. 이것은 모세오경이 출애굽이라는 역사적 배경 위에서 쓰였다는 것을 의미합니다. 즉 모세가 창조 때 살아서 창세기를 쓴 것이 아니라는 것입니다. 이스라엘 민족이 출애굽 사건을 먼저 경험한 후에야 태초에 천지를 지으신 하나님에 대해서 비로소 알게 되었다는 뜻입니다. 따라서 모세와 이스라엘 민족이 말씀을 접한 순서대로 한다면 창세기와 출애굽기의 순서가 바뀌어야 합니다.

지금부터는 광야에 장막을 치고 여호와 하나님을 뵈러 시내 산에 올라간 모세를 기다리는(출 19:1-3) 이스라엘 민족이 되어 창세기를 다시 살펴보길 바랍니다. 모든 것이 새롭게 보일 것입니다.

구약성경의 모세오경 순서

창세기 ⟩ 출애굽기 ⟩ 레위기 ⟩ 민수기 ⟩ 신명기

실제 역사 순으로 본 모세오경 순서

출애굽기 ⟩ 창세기 ⟩ 레위기 ⟩ 민수기 ⟩ 신명기

★ 창세기는 하나님께서 이스라엘 백성을 먼저 출애굽시키신 후 모세를 통해 계시한 첫 번째 말씀이다.

이스라엘의 질문이
시작되다

400여 년간 남의 나라에서 종살이하던 이스라엘에게 어느 날 갑자기 모세가 나타나 "너희 조상의 하나님이 너희의 부르짖음을 듣고 애굽인의 손에서 건져 내어 젖과 꿀이 흐르는 가나안 땅으로 데려가실 것"(출 3:7-8) 이라고 말했습니다. 이스라엘 백성은 400년 동안 아브라함의 하나님, 이삭의 하나님, 야곱의 하나님이 언젠가 너희를 애굽에서 꺼내 주실 거라는 이야기를 구전으로 들어왔지만 그분에 대해 아는 것이라고는 그게 전부였습니다. '영원할 것만 같던 노예의 일상을 뒤흔드는 하나님이란 분을 과연 믿어도 되는가?' 이것은 이스라엘 백성에게는 생사가 달린 심각한 문제였습니다.

'조상의 하나님'이 모세를 통해 갖가지 이적으로 '살아 있는 신'으로 불리던 바로(Pharaoh)의 코를 납작하게 만드시더니 급기야 10가지 재앙을 통해 세계 최강의 애굽을 보란 듯이 깨부수셨습니다. 무엇 때문입니까? '내 백성 이스라엘을 데려가기 위해서'입니다!

사실 이것은 재앙이 아니라 표징(表徵)이라고 해야 옳습니다. 애굽에게는 재앙이지만 이스라엘에게는 축복이기 때문입니다. 애굽이 박살 날수록 이스라엘은 자유와 해방에 더욱 가까워졌습니다. 마지막 재앙으로 애굽의 모든 장자(長子)가 죽고 나서야 모든 이스라엘 백성은 비로소 애굽을 떠날 수 있었습니다.

길을 떠나는 이스라엘 백성의 심정이 어땠을 것 같습니까?

"아휴, 천하에 애굽이 저 지경이 되다니…. 몇 년 묵은 체증이 싹 다 내려가는 것 같아."

"어디서 그 많은 개구리랑 파리 떼가 몰려왔는지 알다가도 모르겠어. 하나님이라는 분, 능력이 대단하신가 봐."

"우리한테 만날 채찍질하던 놈 말이야, 그놈 첫아들도 이번에 죽었대. 통쾌하지 않냐?"

이랬을 것 같습니까? 아닙니다. 오히려 두 다리를 후들거리며 떨었을 것입니다.

"천하에 애굽이 저렇게 무참히 짓밟혔는데 우리 같은 것은 쥐도 새도 모르게 사라지는 거 아니야?"

"왜 불길하게 자꾸 광야로 오라는 거야? 대체 우리를 데려다가 뭐하려고?"

"입조심해! 애굽 천지에 곡소리가 가득한 거 못 들었어?"

이스라엘 백성은 긴가민가하면서도 생존을 위해 광야로 나섰습니다. 구름 기둥과 불 기둥을 따라 움직이다 보니 홍해에 다다랐습니다. 그런데 뒤늦게 정신 차린 애굽 군대가 바짝 추격해 왔습니다. 막다른 골목에 갇힌 쥐 신세가 된 것입니다.

"그래, 이거였어? 애굽에 매장지가 없어서 여기까지 데려다가 죽이는구나."

"내가 뭐랬어? 그냥 애굽에 남아 있었으면 이런 꼴은 안 당하잖아."

그런데 모세가 지팡이를 드니 홍해가 갈라지고 바다 한가운데에 마른 땅이 나타났습니다. 우리가 잘 알다시피 그 덕분에 이스라엘 백성은 모두 무사히 건넜고, 건너자마자 갈라졌던 물이 다시 합쳐지면서 뒤따라오던 애굽 군대를 덮쳤습니다. 이스라엘의 목숨을 노리던 자들이 물에 휩쓸려가는 것을 바로 눈앞에서 목격한 것입니다. "오늘 본 애굽 사람을 영원히 다시 보지 아니하리라"(출 14:13)고 한 모세의 말이 그대로 이루어진 것입니다. 그들은 비로소 여호와 하나님을 경외하며 모세와 하나님을 믿기 시작했습니다.

그러나 기쁨은 오래가지 않았습니다. 기적적으로 목숨을 건졌다고 해서 입맛이 변하거나 배고픔이 사라지는 것은 아니었기 때문입니다. 아무리 목이 말라도 쓴물은 마시기 힘들었고 시간이 갈수록 하나님이 인도하시는 광야 길은 만만치 않았습니다. 차라리 종살이했던 애굽에서 죽었더라면 좋았을 것이라고 원망하기 시작했습니다. 도대체 무엇 때문에 수많은 사람이 광야에서 헤매야 하는지 그들은 도통 이해할 수가 없었습니다.

잔뜩 예민해진 이스라엘 백성이 모세를 향해 원망을 쏟아 냈습니다.

"이스라엘 자손 온 회중이 그 광야에서 모세와 아론을 원망하여 이스라엘 자손이 그들에게 이르되 우리가 애굽 땅에서 고기 가마 곁에 앉아 있던 때와 떡을 배불리 먹던 때에 여호와의 손에 죽었더라면 좋았을 것을 너희가 이 광야로 우리를 인도해 내어 이 온 회중이 주려 죽게 하는도다"(출 16:2-3).

그러자 모세가 "여호와께서 너희의 원망함을 들으시고"(출 16:9) "너희가 해 질 때에는 고기를 먹고 아침에는 떡으로 배부르리니 내가 여호와 너희의 하나님인 줄 알리라"(출 16:12)고 말씀하셨다고 경고했습니다.

실제로 저녁에는 메추라기가 와서 진을 덮고, 아침에는 만나가 이슬처럼 내리기 시작했습니다. 이스라엘 백성은 눈앞에 펼쳐진 놀라운 광경에 정신을 차릴 수가 없었습니다.

"바람이 여호와에게서 나와 바다에서부터 메추라기를 몰아 진영 곁 이쪽 저쪽 곧 진영 사방으로 각기 하룻길 되는 지면 위 두 규빗 (1규빗은 45.6cm에 해당한다) 쯤에 내리게 한지라"(민 11:31).

동서남북 하룻길 되는 넓은 면적에 메추라기가 날아들어 약 1미터 높이로 쌓이듯이 내려앉았습니다. 한 사람이 하루에 한 마리만 먹는다고 쳐도 약 200만 마리가 필요할 텐데 장정들이 배불리 먹으려면 적어도 500만 마리 정도는 있어야 합니다. 먹이가 되겠다고 스스로 날아드는 메추라기 떼를 누가 상상이나 했겠습니까? 한 달 동안 매일 저녁 이런 일이 벌어졌습니다. 물릴 대로 물려서 냄새조차 맡기 싫어질 때까지 말입니다(민 11:20).

하나님께서 주신 만나와 메추라기를 먹은 이스라엘 백성은 기쁘기만 했을까요? 그들은 점점 더 혼란에 빠져들었고 두려움에 떨었습니다. 왜 나하면 애굽에서부터 하나님의 놀라운 능력은 경험했지만 그분의 실체는 여전히 알지 못했기 때문입니다. 이처럼 두려운 일이 또 어디 있겠습니까?

예를 들어 보겠습니다. 어느 날, 통장 잔고를 보니 모르는 사람으로부터 "필요한 데 쓰십시오"라는 메시지와 함께 10만 원이 입금되어 있습니다. 이 정도 금액이라면, 누가 보냈는지는 모르지만 감사한 마음으로 받아 쓸 수 있습니다. 혹시 문제가 생겨도 내가 충분히 처리할 수 있기 때문입니다. 그런데 100억 원이 입금되었다면 어떨 것 같습니까? 이게 웬 떡이냐 하고 자기 맘대로 다 쓸 수 있을까요? 오히려 불안하지 않을까요? 평안하다면 이상하지요. 아무리 "마음 놓고 쓰십시오"라고 해도 못 씁니다. 누가 100억을 쉽게 주겠습니까? 당연히 확인해 봐야 할 금액입니다. 이 돈을 쓴 다음에 잘못되면 내가 처리할 능력이 없기 때문입니다. '왜 나한테 이런 일이?' 하고 안절부절못해야 정상입니다. 보낸 사람이 누구인지 정체를 모르면 불안한 것입니다. 축복인지 저주인지 알 수가 없기 때문입니다.

출애굽한 이스라엘 백성의 심정이 딱 그러했습니다. 애굽을 초토화시킬 만큼의 엄청난 능력은 경험했지만 그것 외에는 하나님에 대해 아는 것이 없었습니다. 인류 역사상 가장 극적인 기적들을 경험했음에도 불구하고 마냥 기뻐할 수만 없는 상황이었습니다. 이스라엘 백성은 모세가 시내 산에 올라가 내려오지 않자 금송아지를 만들어 위안을 삼아야 할 정도로 하나님을 모르는 백성이었습니다(출 32:1-4). 아브라함, 이삭, 야곱 이후 400년이 넘도록 이야기로만 전해 들었을 뿐 경험한 적이 없기 때문입니다.

백성의 마음속에 하나님을 향한 질문이 점점 더 커져 갈 수밖에 없었습니다.

"하나님, 대체 당신은 누구십니까? 그리고 우리는 누구입니까?"

나는 한순간도
너를 놓은 적이 없다

창세기는 하나님의 초자연적인 역사로 애굽에서 시내 산까지 인도 받은 이스라엘 백성의 마음속에 '하나님은 어떤 분이신가'에 대한 의문이 가득 차올랐을 때 들려주신 하나님의 자기소개이자 선언입니다.

"태초에 내가 천지를 창조했다."

당시 이스라엘 백성에게 이 한마디는 온몸에 소름이 돋을 정도로 생생한 느낌을 주었을 것입니다. 왜냐하면 하나님의 이 자기선포는 하나님이 어떤 분인지를 정확히 알려 준 말씀이기 때문입니다. 너희를 애굽에서 인도하여 낸 하나님은 단순히 애굽의 어떤 신들보다 조금 강하거나 뛰어난 정도가 아니라는 것입니다. 오직 하나님만이 세상의 모든 것을 창조하셨다고 선포한 것입니다. 자신들을 인도한 하나님이 진정한

21

신이요, 이 모든 것을 만들었다고 말씀하신 것입니다. 이 하나님의 음성을 들은 이스라엘 백성이 얼마나 놀랐겠습니까? 그러나 이스라엘 백성은 하나님의 이 자기 선포를 의심하지 않았습니다. 이스라엘 백성은 출애굽을 하면서 그분이 자연을 어떻게 다루시는지 분명히 목격했기 때문입니다. 홍해를 갈라 물을 벽처럼 세우고 그 가운데 마른땅을 건너게 하신 분입니다. 애굽 군대를 물로 덮어 쓸어버리신 분입니다. 메마른 광야에서 200만 명이 먹을 물을 내신 분입니다. 200만 명이 마셔야 하는데 과연 졸졸 흐르는 샘물로 감당이 되었을까요? 모르긴 몰라도 아마 큰 바위에서 물이 분수처럼 솟구쳐서 폭포처럼 흘러내렸을 것입니다(시 78:15-16). 그야말로 하나님이 "사막에 강을 내시는"(사 43:19) 것을 목격한 것입니다.

그러니 "내가 만들었다" 이 한마디만으로도 이스라엘 백성은 고개를 끄덕일 수 있었습니다. 그럴 만한 능력을 가지신 분이라는 것을 이미 경험했기 때문에 자질구레한 설명이 필요 없었습니다.

그런데 하나님이 창조하신 이야기를 들으면서 이스라엘 백성이 이해하기 어려운 말씀이 있었습니다. 하나님께서는 엿새 동안 세상을 완벽하게 지으셨고, 특히 '당신의 형상'을 따라 사람을 창조했노라고 말씀하십니다. 이스라엘 백성은 400년 간의 노예살이를 통해서 누구보다도 이 세상이 힘들다는 것을 배웠습니다. 더군다나 당시 이스라엘 백성이 있던 곳은 광야였습니다. 낮의 뜨거운 태양과 밤의 추위는 아무리 좋게 생각하려고 해도 받아들이기 힘든 조건이었습니다. 하나님의 능력은 경험했지만 하나님이 지으신 세상에는 동의할 수 없었습니다. 그들은 이 말씀을 어떻게 받아들였을까요? 아름다운 이야기라고요? 아니면 전설의 고향이라고요? 아마도 마음속 의문이 더욱 커져 갔을 것입니다.

"세상을 아름답게 지으셨다고요? 하나님의 형상을 따라 사람을 존귀하게 만드셨다고요? 보시기에 심히 좋다고 하실 만큼 그렇게 아름다웠단 말이죠? 그런데 지금은 세상이 왜 이렇습니까? 우리는 400여 년 동안 종살이하느라 지치고 병들었습니다. 그런데도 우리를 보고 존귀하다고 하시겠습니까? 우리가 경험한 세상은 혹독하고 잔인하기만 했습니다. 진정 이것이 보시기에 심히 좋은 세상입니까?"

이에 대한 하나님의 답변은 명쾌했습니다.

"왜 그런 줄 아느냐? '죄' 때문이다!"

바로 이런 이유 때문에 하나님께서 창세기를 설명하실 수밖에 없었습니다. 창조와 죄의 문제를 알려 줘야 이스라엘을 부르신 이유를 설명할 수 있기 때문입니다.

창세기에서 창조 이야기는 전체 50장 중에 1장과 2장이 전부입니다. 3장부터는 세상이 왜 이렇게 될 수밖에 없었는가에 대한 죄 이야기와 하나님이 지독히도 사랑하시는 세상을 위한 구원 이야기가 펼쳐집니다.

선악과 사건 이후로 인간은 태어나면서부터 죄인이 되었습니다. 어떤 죄를 저질러야만 죄인이 되는 게 아니라 죄인으로 태어났기 때문에 죄인인 것입니다. 죽음은 인간이 죄인임을 드러내는 가장 강력한 특징입니다. 원죄의 결과가 바로 죽음이기 때문입니다. 질병 또한 죽음으로 가는 과정의 일부이므로 원죄의 결과입니다.

그런데 인간은 죄를 떨쳐 내지 못했습니다. 질병과 죽음을 두려워하면서도 죄를 더욱 쌓았고 점점 더 악해져 갔습니다. 결국 아담으로 말미암아 타락한 세상은 물 심판을 받게 되었고, 노아의 후손을 통해 새 인류가 시작되었지만 그들도 죄를 떨치지 못했습니다. 하늘 높이 바벨탑을 쌓기까지 악으로 치달았습니다.

급기야 하나님이 바벨탑을 쌓은 인간들을 흩으시자 더 이상 인류에게는 소망이 없어 보였습니다. 그러나 하나님은 다른 씨, 즉 한 사람을 세상에서 구별하여 선택하심으로써 또 다른 인류를 준비하셨습니다. 그가 바로 아브라함입니다. 이스라엘이 익히 들어 온 이름, 조상 아브라함이 드디어 등장한 것입니다.

창세기 1-11장의 설명을 끝내고 아브라함의 이야기를 들을 때의 이스라엘 백성의 모습을 상상해 보십시오. 아마도 감격이 넘쳤을 것입니다.

"나는 한순간도 너를 놓은 적이 없다."

이것이 400년 종살이하던 이스라엘을 찾아오신 이유였습니다. 하나님은 아브라함의 믿음을 통해 구원의 역사를 계속 이어 가셨습니다.

하나님이 왜 인간의 믿음을 통해 역사에 간섭하실 수밖에 없었는지를 이해하려면, 아브라함이 등장하기 전까지 인류에게 대체 무슨 일이 있었는지를 알아야만 합니다.

이제 우리는 '창세'로 돌아갈 것입니다. 영화나 드라마에서 화면의 색이 서서히 바뀌며 회상 장면으로 들어가듯이 혼탁한 세상 빛을 뚫고 과

거로 시간 여행을 떠나는 것입니다.

바로 지금부터!

Part 1

내가
너를
지었다

"하나님이 자기 형상 곧 하나님의 형상대로
사람을 창조하시되
남자와 여자를 창조하시고"

창 1:27

Chapter 1

엿새 동안의 일을
네가 아느냐

"태초에 하나님이 천지를 창조하시니라"(창 1:1).

하나님이 성경에서 맨 처음 하신 말씀이 바로 이것입니다. 이 말씀은
세상을 향해 하나님 자신을 선포하는 것이며, 하나님 자신이 누구인지
를 정확히 알려 주신 말씀입니다. 고대에 신이란 대개 지역신(地域神) 개
념이었습니다. 신은 일정 지역에 국한하여 영향력을 행사하는 존재였던
것입니다. 애굽의 신은 애굽에서 힘을 발휘하고 이스라엘의 신은 이스
라엘에서 역사하는 것입니다. 마치 우리가 외국에 갈 때 그 나라의 법에
통제를 받는 것과 같은 개념입니다.

400여 년 동안 애굽 문화 속에서 살던 이스라엘입니다. 그들에게 하나님은 낯설고 두려운 존재였을 것입니다. 분명히 애굽의 신보다 강하심을 느꼈지만 하나님의 진정한 능력과 성품에 대해서는 알 수가 없었습니다. 그런데 하나님이 스스로를 '태초에 세상을 지은 창조주이자 유일한 신'이라고 밝히셨습니다. 단순히 애굽의 신들보다 강한 히브리 신이 아니라는 것입니다.

여기서 천지는 단순히 '하늘과 땅'만이 아니라 그 안에 담겨 있는 모든 것을 가리킵니다. 즉 이스라엘 백성이 누리는 모든 것, 아니 애굽을 비롯하여 온 세상이 먹고 마시며 살아서 누리는 모든 것이 하나님으로부터 비롯되었다는 뜻입니다. 비천한 노예에 지나지 않던 이스라엘 백성이 듣기에 충격적인 선언일 수밖에 없습니다.

"우리가 대체 누구 앞에 서 있단 말인가?"

이것이 이해되어야만 그다음 구절들을 이해할 수 있습니다.

선 긋기에서부터
계시가 시작되다

하나님께서 첫째 날 빛을 만드셨기 때문에 많은 성도가 하나님의 첫 번째 창조를 대개 빛으로 알고 있는데, 사실 그에 앞서 시간을 먼저 만드셨습니다. '태초(太初)'란, 말 그대로 '시간의 처음'을 가리킵니다. 그리고 하나님께서는 시간과 함께 '천지(天地)'라는 공간을 만드셨습니다. 즉 시간과 공간을 맨 처음 만드시고, 여기에 첫째 날부터 여섯째 날까지 만물들을 창조하신 것입니다. 시간을 만드셨다는 것은 모든 피조 세계에는 '처음'과 '끝'이 있다는 뜻입니다. 존재의 시작과 끝이 없는 생물(生物)은 단 하나도 없습니다. 피조물(被造物)은 시간과 공간이라는 한계 안에서 살아갈 수밖에 없습니다. 즉 시간과 공간은 피조 세계에만 적용되는 개념인 것입니다.

이것이 바로 창조주와 피조물을 구분 짓는 중요한 지점입니다. 피조물은 하나님이 허락하신 시간과 공간 안에서만 살아가게 되어 있습니다. 오직 창조주만이 시간과 공간을 초월하여 존재합니다.

그러니 창세기 1장 1절만 제대로 알아도 이단에 빠지지 않을 수 있습니다. 이 한 구절로 창조주와 피조 세계 사이에는 넘을 수 없는 선이 그어졌기 때문입니다. 시공간 안에서 살아간다는 것은 그것을 만드신 하나님의 통치를 받을 수밖에 없다는 것을 의미합니다. 얼마나 쉽게 신과 피조물의 한계를 알려 주셨는지 모릅니다. 하나님은 만약에 피조물 중에서 자신이 신이라고 말하는 자가 있다면 바로 창세기 1장 1절 말씀을 증명하라고 하십니다. 즉 시간과 공간을 넘어설 수 있는 존재만이 신의 자격이 있다는 것입니다. 따라서 다음 세 가지가 증명되면 그를 신이라 할 수 있습니다.

첫째, 시간을 초월해야 합니다. 어떤 사람이 자신을 신이라고 하면서 늙어 간다면 그 자는 신이 아닙니다.

둘째, 공간을 초월해야 합니다. 신이라고 말하는 자는 영화의 한 장면처럼 공간 이동을 자유자재로 해야 하며, 어디든지 있어야 하고 나타나야 합니다. 절대로 자동차나 비행기를 타고 다녀서는 안 됩니다. 지금 시대에는 이단 교주들이 너무 많은데 하나님은 너무 쉽게 분별할 수 있도록 말씀해 주셨습니다.

그러면 예수님도 시간과 공간의 제약을 받지 않았냐고 의문을 가질 수 있을 것입니다. 예수님은 우리를 죄에서 구원하시기 위해 완전한 인간이 되셔야만 했습니다. 그래서 종의 몸을 입고 오셨을 때는 시간과 공간의 제약을 받으셨습니다. 그러나 예수님의 제약은 십자가를 지실 때까지만이었습니다. 예수께서 부활하신 이후에는 완전한 신의 모습을 보여 주셨습니다. 많은 제자에게 나타나시고 승천하실 때, 시간과 공간을 초월한 참 신의 모습을 보여 주셨고, 마지막 재림하실 때 시간과 공간을 초월하여 오실 것입니다.

"번개가 동편에서 나서 서편까지 번쩍임같이 인자의 임함도 그러하리라"(마 24:27).

셋째, 스스로 존재해야 합니다. 외부의 도움 없이 스스로 존재할 수 있는 생물이 있습니까? 없습니다. 오직 창조주 하나님만이 '스스로 존재'(출 3:14)하실 수 있습니다. 자생불가(自生不可), 이것이 피조물의 한계입니다. 모든 피조물은 창조주가 주신 시간과 공간 안에서 스스로의 힘이 아넌 외부의 도움으로 살아야 하는 한계를 지녔습니다. 따라서 누가 자기를 신이라고 하면 먹지 않고 몇 년이 지나도 가뿐히 존재해야 합니다. 이세 가지를 증명하지 못 하는 자는 신이 아닙니다. 그래서 이단에 빠진 자들은 창세기 1장 1절도 제대로 모르면서 성경을 새롭게 깨달았다는 등 말로만 사기를 치고 있는 것입니다.

이제 본격적으로 이야기를 시작하기 전에 우리는 우리 앞에 그어진 굵고도 확실한 선을 분명히 봐야 합니다. 하나님은 창조주이시며 우리는 피조물이라는 결코 넘을 수 없는 선을….

창조는 흑암에서
빛으로 이끄는 것이다

성경에 의미 없는 구절이 있을까요? 있을 리가 없지요. 구절마다 분명한 의도가 있을 뿐만 아니라 심지어 쓰인 순서에도 의미가 있습니다.

사실 창세기 1장 1절 뒤에 3절이 바로 이어져도 아무 문제가 없습니다.

"태초에 하나님이 천지를 창조하시니라"(창 1:1).

"하나님이 이르시되 빛이 있으라 하시니 빛이 있었고"(창 1:3).

그런데 그 사이에 다음 구절이 들어가 있습니다.

"땅이 혼돈하고 공허하며 흑암이 깊음 위에 있고 하나님의 영은 수면 위에 운행하시니라"(창 1:2).

혹자는 이 구절 때문에 하나님이 만드신 세상이 처음부터 불완전했던 게 아니냐고 의문을 제기합니다. 또는 처음부터 창조의 재료가 따로 있었던 것이 아니냐고 묻기도 합니다.

그러나 그렇지 않습니다. 이것은 재료가 아닌 상태를 나타내는 말이기 때문입니다. 하나님은 무에서 유를 창조하셨는데, 그 공간 안을 어떤 상태로 만드실지를 말씀하신 것입니다. '혼돈하다'는 것은 '질서'를 강조하기 위함입니다. 하나님께서 창조사역을 통해 이 세상을 질서 있게 만드시겠다는 뜻입니다. '공허'는 하나님이 만드신 공간을 충만하게 채우시겠다는 의미입니다. 즉 하나님이 만드실 땅의 궁극적인 상태를 표현한 것입니다.

창세기를 이해하는 데 있어서 주의해야 할 점이 있습니다. 죄가 들어오기 전과 후는 질적으로 완전히 다르다는 것입니다. 즉 완전하고 선하신 하나님이 지으신 태초의 세상은 완전하고 선했습니다. 어떤 하자도 없었습니다. 이것을 대전제로 말씀을 이해해야 합니다. 신학적인 논쟁을 펼칠 이유가 없다는 뜻입니다.

그렇다면 맨 처음부터 시간과 공간을 피조물로 다 채웠다고 하시면 됐을 텐데, 왜 굳이 혼돈과 공허라는 표현을 사용하셨을까요?

원래 창세기는 하나님이 이스라엘 백성을 애굽으로부터 구원해 내신 이후에 주신 말씀이라는 것을 기억해야 합니다. 목사가 설교를 할 때 대상에 따라 설명하는 방법이 다릅니다. 특히 어린이나 청소년에게 설교할 때는 그들이 공감할 수 있는 예화나 단어를 사용해야 합니다. 창세기는 하나님께서 이스라엘 백성의 출애굽이란 역사 속에서 말씀하신 것입니다. 출애굽 당시 이스라엘은 공허하고 무질서한 상태였습니다. 그들이 살았던 세상 역시 공허하고 무질서한 상태였습니다. 그러니 '공허'와 '허무'와 '흑암'에 대한 그들의 느낌과 이해는 우리가 생각하는 것보다 훨씬 강렬할 수밖에 없었습니다.

> "이스라엘 진 앞에 가던 하나님의 사자가 그들의 뒤로 옮겨 가매 구름 기둥도 앞에서 그 뒤로 옮겨 애굽 진과 이스라엘 진 사이에 이르러 서니 저쪽에는 구름과 흑암이 있고 이쪽에는 밤이 밝으므로 밤새도록 저쪽이 이쪽에 가까이 못하였더라"(출 14:19-20).

> "그가 바로의 병거와 그의 군대를 바다에 던지시니 최고의 지휘관들이 홍해에 잠겼고 깊은 물이 그들을 덮으니 그들이 돌처럼 깊음 속에 가라앉았도다"(출 15:4-5).

출애굽 당시에 하나님께서 애굽과 이스라엘을 흑암과 빛으로 구분하시는 것을 봤고, 홍해를 갈라 이스라엘 백성을 구원하시고 애굽 군대는 물로 덮으시는 것을 실제로 경험한 뒤였기 때문입니다. 하나님이 혼돈과 공허와 흑암으로부터 이스라엘을 구원하신 것입니다.

그들은 하나님의 말씀을 듣고 그것이 무엇을 의미하는지 이해할 수 있었습니다. 아마도 홍해를 건너면서 느꼈던 경외심을 다시금 느꼈을 것입니다. 하나님은 빛을 창조한 이야기를 하기 전에 공허와 허무와 흑암을 언급하심으로써 이스라엘의 구원과 천지창조에 분명한 목적이 있음을 나타내셨습니다.

이스라엘 백성은 그들을 흑암에서 구원하신 하나님이 장차 약속의 땅으로 완벽하게 이끄실 것이라는 믿음을 가질 수 있었습니다.

하루, 이틀, 사흘 위에
나흘, 닷새, 엿새

하나님은 엿새 동안 세상을 창조하셨습니다. 우리가 익히 알고 있는 바입니다. 첫째 날 빛을 만드셨고, 둘째 날에는 궁창을 만들어 하늘이라 부르셨고, 셋째 날에는 땅이 드러나게 하여 각종 나무와 채소들이 자라게 하셨습니다. 넷째 날에는 일월성신(日月星辰)을, 다섯째 날에는 하늘과 바다에 생물이 생겨나게 하셨고, 마지막 여섯째 날에는 땅 위의 생물과 사람을 지으셨습니다.

각 날의 창조 내용을 살펴보면 처음 3일 동안 창조하신 것이 나중 3일 동안의 창조의 토대가 되었음을 발견합니다. 첫째 날과 넷째 날이, 둘째 날과 다섯째 날이, 셋째 날과 여섯째 날이 연결되어 있다는 뜻입니다.

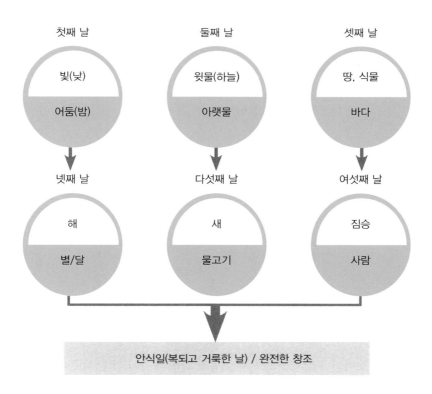

세상의 큰 틀(첫째 날-셋째 날)과 구체적 창조물(넷째 날-여섯째 날)

"하나님이 이르시되 빛이 있으라 하시니 빛이 있었고 빛이 하나님이 보시기에 좋았더라 하나님이 빛과 어둠을 나누사 하나님이 빛을 낮이라 부르시고 어둠을 밤이라 부르시니라 저녁이 되고 아침이 되니 이는 첫째 날이니라"(창 1:3-5).

"하나님이 이르시되 하늘의 궁창에 광명체들이 있어 낮과 밤을 나뉘게 하고 그것들로 징조와 계절과 날과 해를 이루게 하라 또 광명체들이 하늘의 궁창에 있어 땅을 비추라 하시니 그대로 되니라 하나님이 두 큰 광명체를 만드사 큰 광명체로 낮을 주관하게 하시고 작은 광명체로 밤을 주관하게 하시며 또 별들을 만드시고 하나님이 그것들을 하늘의 궁창에 두어 땅을 비추게 하시며 낮과 밤을 주관하게 하시고 빛과 어둠을 나뉘게 하시니 하나님이 보시기에 좋았더라 저녁이 되고 아침이 되니 이는 넷째 날이니라"(창 1:14-19).

첫째 날 빛을 만드셨고, 넷째 날에는 광명체를 만드셨습니다. 첫째 날이 전기라면 넷째 날은 그 전기를 담아서 빛나게 하는 형광등이나 전구 등을 만드신 것입니다.

"하나님이 이르시되 물 가운데에 궁창이 있어 물과 물로 나뉘라 하시고 하나님이 궁창을 만드사 궁창 아래의 물과 궁창 위의 물로 나뉘게 하시니 그대로 되니라 하나님이 궁창을 하늘이라 부르시니라 저녁이 되고 아침이 되니 이는 둘째 날이니라"(창 1:6-8).

"하나님이 이르시되 물들은 생물을 번성하게 하라 땅 위 하늘의 궁창에는 새가 날으라 하시고 하나님이 큰 바다 짐승들과 물에서 번성하여 움직이는 모든 생물을 그 종류대로, 날개 있는 모든 새를 그 종류대로 창조하시니 하나님이 보시기에 좋았더라 하나님이 그들에게 복을 주시며 이르시되 생육하고 번성하여 여러 바닷물에 충만하라 새들도 땅에 번성하라 하시니라 저녁이 되고 아침이 되니 이는 다섯째 날이니라"(창 1:20-23).

둘째 날 궁창을 만들어 하늘과 물을 나누셨고, 다섯째 날에 하늘과 물을 채울 새와 바다 생물을 종류대로 지으셨습니다.

"하나님이 이르시되 땅은 풀과 씨 맺는 채소와 각기 종류대로 씨 가진 열매 맺는 나무를 내라 하시니 그대로 되어 땅이 풀과 각기 종류대로 씨 맺는 채소와 각기 종류대로 씨 가진 열매 맺는 나무를 내니 하나님이 보시기에 좋았더라 저녁이 되고 아침이 되니 이는 셋째 날이니라"(창 1:11-13).

"하나님이 이르시되 땅은 생물을 그 종류대로 내되 가축과 기는 것과 땅의 짐승을 종류대로 내라 하시니 그대로 되니라 하나님이 땅

의 짐승을 그 종류대로, 가축을 그 종류대로, 땅에 기는 모든 것을
그 종류대로 만드시니 하나님이 보시기에 좋았더라"(창 1:24-25).

셋째 날 땅에 각종 채소와 열매 맺는 나무를 창조하셨고, 여섯째 날에
땅 위에서 살 동물들을 종류대로 만드시고 나서 마지막으로 하나님의
형상을 따라 인간을 창조하셨습니다.

이것이 창조의 흐름입니다. 먼저 첫째 날부터 셋째 날까지 큰 틀인 빛
을 만들고 궁창을 만들고 땅을 만들었습니다. 그리고 넷째 날부터 여섯
째 날까지 빛을 담는 광명체를 만들고 하늘과 물의 생물 그리고 땅의
생물과 사람을 구체적이고 세밀하게 채우셨습니다. 일련의 창조 과정은
하나님이 큰 목적을 향해 얼마나 차근차근 계획적으로 창조하셨는지를
보여 줍니다.

계획적으로
마음을 다해 성의 있게

하나님께서 창조하신 방법을 보면, 하나님은 창조를 백과사전식으로 자
세히 설명하지 않으셨습니다. 각 날에 무엇을 창조했는가와 "보시기에 좋
았다"가 창조 이야기의 전부입니다.

하나님이 말씀하시면 곧바로 결과물이 나왔습니다. "빛이 있으라" 하

시니 빛이 있었고, "궁창에는 새가 날으라" 하시니 말씀대로 되었습니다. 단순한 음성이 아니라 마치 손으로 빚는 것과 같은 행위의 말씀이었던 것입니다. 즉 큰 계획 아래 하나하나 정성스럽게 만드셨다는 뜻입니다.

> "하나님이 지으신 그 모든 것을 보시니 보시기에 심히 좋았더라 저녁이 되고 아침이 되니 이는 여섯째 날이니라"(창 1:31).

'하나님이 보시기에 심히 좋았더라'는 것은 단순히 바라보고 감상하기에 만족스러웠다는 말이 아닙니다. 여기서 쓰인 '보다'는 단순히 본다는 뜻이 아니기 때문입니다. 하나님께서 흡족해 하시고 스스로 감탄하신 말씀입니다. 특히 '심히'란 양과 질에 있어서 더할 나위 없는 완전한 상태를 나타내는 말로써 하나님이 보시기에 단 하나의 부족함이나 모자람이 없는 것을 표현한 말입니다.

가끔 미술관에 가서 작품들을 감상할 때가 있습니다. 사실화는 우리가 이해하기 쉽지만 추상화는 그림인지 장난인지 모를 때가 많습니다. 그때 어린아이가 넋을 잃고 바라보면서 멋지다고 한다고 해서 명작이 되지는 않습니다. 그러나 우리가 보기에는 별것 아닌 것처럼 보이던 그림도 최고로 권위 있는 전문가가 인정하면 가치가 달라집니다. 미술 작품은 평가하는 사람이 누구냐에 따라 그 중요성이 달라지는 것입니다.

태초의 세상은 최고의 전문가이신 창조주 하나님이 보시기에 흠 없고 아름다운 완벽한 작품이었습니다. 하나님의 섭리와 주권에 따라 완벽한 창조가 이루어졌기 때문입니다. 하나님은 피조 세계가 가진 완전함과 아름다움을 보기에 좋다고 말씀하셨습니다. 빛과 어둠, 궁창의 위아래, 땅과 물 등을 나누어 질서를 세우고, 하늘과 땅과 바다의 생물들을 각기 종류대로 만들어 다양성을 부여하신 것에 만족하셨다는 뜻입니다.

같은 맥락으로, 둘째 날 궁창을 만드시고 나서 "보시기에 좋았더라"라는 말이 없는 것을 두고 하나님이 이 날의 창조를 마음에 안 들어 하셨거나 무슨 문제가 있었던 것으로 해석하는 경우가 있는데, 올바른 해석이 아닙니다. 하나님이 각각의 창조를 마무리하면서 평가하셨다는 사실을 보면 분명히 알 수 있습니다.

사실 둘째 날 만드신 궁창은 그다음 날 창조와 맞물려 있습니다. 셋째 날 궁창 아래의 "물이 한 곳으로 모이고 뭍이 드러나라"(창1:9)고 하니 그대로 되자 "보시기에 좋았더라"고 하셨습니다. 즉 둘째 날의 창조가 이때 비로소 마무리되었던 것입니다.

그러고 나서 드러난 땅에 "풀과 씨 맺는 채소와 각기 종류대로 씨 가진 열매 맺는 나무를 내라"(창1:11)고 하여 그대로 되니 두 번째로 "보시기에 좋았더라"고 하셨습니다. 셋째 날의 창조가 마무리된 것입니다. 그래서 셋째 날에 "보시기에 좋았더라"가 두 번이나 나온 것입니다. 모든 창조의 마무리에는 "보시기에 좋았더라"가 있었습니다.

다시 말하지만 태초의 세상은 완벽한 만큼 어떤 부정적인 요소도 없었습니다. 따라서 어떤 면에서든 부정적으로 해석하는 것은 바람직하지 않습니다.

어둠도 마찬가지입니다. 우리에게 어둠은 죄를 상징하는 불길한 단어입니다. 오죽하면 '어둠의 자식들'이란 표현이 있겠습니까? 출애굽 당시의 이스라엘 백성도 '빛은 하나님의 영광이요 어둠은 죄'라고 여겼습니다.

그러나 태초의 세상은 전혀 달랐습니다. 어둠조차 아름다운 세상이었습니다. "빛과 어둠을 나뉘게 하시니 하나님이 보시기에 좋았더라"(창 1:18)는 것은 빛과 어둠이 모두 아름다웠다는 뜻입니다. 완벽한 조화를 이루었기 때문입니다.

이처럼 하나님은 세상을 계획성 있게 목적을 가지고 마음을 다해 성의 있게 창조하셨습니다.

창조,
목적을 향해 달리다

하나님은 단순히 완벽한 세상을 만들어 놓는 것에 그치지 않고 완벽한 피조 세계 안에서 피조물들이 생명을 지속적으로 이어 가기를 바라셨습니다. 셋째 날, 땅에 "풀과 씨 맺는 채소와 각기 종류대로 씨 가진 열매 맺는 나무를 내라"(창 1:11)고 하신 것만 봐도 금방 알 수 있습니다. 처음 지으실 때부터 하나같이 '씨'를 강조하고 있지 않습니까? '생명을 이어 가는 것'이야말로 하나님의 창조 법칙입니다.

"하나님이 이르시되 하늘의 궁창에 광명체들이 있어 낮과 밤을 나
뉘게 하고 그것들로 징조와 계절과 날과 해를 이루게 하라"(창1:14).

넷째 날에 언급된 계절은 우리가 현재 경험하고 있는 사계절과는 다
른 개념입니다. 하나님이 정하신 시기가 있다는 것을 의미합니다. 즉 피
조 세계는 하나님이 정하신 질서와 법칙을 따라 움직인다는 뜻입니다.

하나님은 하늘과 땅, 땅과 바다, 낮과 밤, 계절을 나누어 질서를 세우
신 후에야 동물을 창조하셨습니다. 그것도 다섯째 날과 여섯째 날, 이틀
에 걸쳐서 공중의 새와 바다의 물고기와 땅의 짐승으로 세분(細分)하여
만드셨습니다.

여기서 우리는 동물과 식물을 창조하신 방식에 차이가 있음을 발견합
니다. 식물을 창조하실 때는 땅에 이러이러한 것을 "내라"고 명령하신
반면에 동물을 창조하실 때는 다음과 같이 명령하셨습니다.

"하나님이 이르시되 물들은 생물을 번성하게 하라 땅 위 하늘의 궁
창에는 새가 날으라 하시고 하나님이 큰 바다 짐승들과 물에서 번
성하여 움직이는 모든 생물을 그 종류대로, 날개 있는 모든 새를 그
종류대로 창조하시니 하나님이 보시기에 좋았더라"(창1:20-21).

새에게 "날으라"고 직접 명령하시고, 생물들을 "그 종류대로 창조"하
셨습니다. 첫째 날부터 배경을 차근차근 만들고 운행 질서를 세우신 후

에 그 질서 안에 생물들을 집어넣으셨음을 알 수 있습니다.

성경에서 반복된 구절은 강조를 의미합니다. 하늘과 땅과 바다에 동물을 지으실 때마다 '종류대로'가 반복해서 나오는데, 이것은 무엇을 강조한 것일까요? 바로 하나님이 창조하신 생물들의 다양함을 강조함과 동시에 마지막으로 창조하실 사람을 강조하기 위함입니다. '종류대로' 창조된 생물들과 '종류'가 아닌 '한몸'에서 '둘'로 창조된 사람과의 구별입니다.

여섯째 날, 하나님은 "자기 형상 곧 하나님의 형상대로"(창 1:27) 사람을 창조하셨습니다. 식물에서 동물로, 동물에서 사람으로 창조 대상이 달라짐에 따라 만드시는 방법이 발전한 것처럼 각각에게 주시는 축복 또한 더욱 깊어졌습니다.

> "하나님이 큰 바다 짐승들과 물에서 번성하여 움직이는 모든 생물을 그 종류대로, 날개 있는 모든 새를 그 종류대로 창조하시니 하나님이 보시기에 좋았더라 하나님이 그들에게 복을 주시며 이르시되 생육하고 번성하여 여러 바닷물에 충만하라 새들도 땅에 번성하라 하시니라"(창 1:21-22).

다섯째 날, 동물을 창조하시고 나서 처음 언급하신 '복'이 마지막 피조물인 인간에 이르러서는 생육하고 번성할 뿐만 아니라 "다스리고 충만하라"는 축복까지 더해져 훨씬 깊어졌습니다.

이러한 창조와 축복의 점진은 그 의미가 매우 큽니다. 왜냐하면 지금까지가 목적을 위한 준비 작업이었다면 이제부터는 목적을 향해 달려가고 있음을 나타내기 때문입니다.

태초에 천지가 창조되던 엿새 동안의 일에 어떤 의미가 있었는지 알겠습니까? 하루하루 창조가 이루어질 때마다 "보시기에 좋았더라"고 감탄하실 만큼 아름다웠다는 것입니다. 마지막으로 사람을 창조한 후에는 "지으신 그 모든 것을 보시니 보시기에 심히 좋았더라"고 하실 정도였습니다.

대체 사람이 무엇이기에 하나님께서 사람으로 창조의 대미(大尾)를 장식하게 하셨을까요?

Chapter 2
네가 누구인지 아느냐

"하나님이 이르시되 우리의 형상을 따라 우리의 모양대로 우리가 사람을 만들고 그들로 바다의 물고기와 하늘의 새와 가축과 온 땅과 땅에 기는 모든 것을 다스리게 하자 하시고 하나님이 자기 형상 곧 하나님의 형상대로 사람을 창조하시되 남자와 여자를 창조하시고 하나님이 그들에게 복을 주시며 하나님이 그들에게 이르시되 생육하고 번성하여 땅에 충만하라, 땅을 정복하라, 바다의 물고기와 하늘의 새와 땅에 움직이는 모든 생물을 다스리라 하시니라"(창 1:26-28).

식물과 동물의 창조에서 특히 강조된 단어는 '종류대로'입니다. 하나님은 모든 생물을 각기 종류대로 지으셨습니다. 사람만 빼고 말입니다.

창조의 마지막 순서에서 갑자기 패턴이 달라졌습니다. 오직 사람만이 '종류대로'가 아닌 '하나님의 형상을 닮은' 사람이라는 '존재 하나'로 창조되었습니다. 남자와 여자는 다른 종류가 아니란 뜻입니다. 원래 아담(Adam)은 '남자'를 가리키는 말이 아니라 '사람'을 일컫는 말이었습니다. 타락하기 전까지 여자는 이름을 따로 가질 필요가 없었습니다. 남자와 여자가 하나였기 때문입니다. 지금은 도저히 이해할 수 없는 개념이지만 그때는 그랬습니다. 하나님의 형상을 닮은 남자와 여자는 둘이면서 동시에 하나인 존재였습니다.

그러나 죄로 말미암아 타락하자 남자는 여자와, 여자는 남자와 분리되었습니다. 다른 개체가 된 것입니다. 그때부터 이름이 필요했고 그래서 아담이 여자에게 '하와'라는 이름을 지어 주었습니다. 둘이면서 하나였던 신비로운 연합체가 각각의 독립 개체가 되었기 때문입니다.

너에게
나를 나누어 주었다

하나님은 세상을 일회적 완성품으로 창조하지 않고 스스로 생명을 이어 가도록 만드셨습니다. 그리고 세상을 직접 통치하는 대신 하나님의 형상을 닮은 사람에게 위임하기를 원하셨습니다.

인간은 피조물 중에 유일하게 하나님의 형상을 닮은 존재입니다. 하나님은 어떤 분이십니까? 성부, 성자, 성령의 세 위격이면서 동시에 하나이신 분입니다.

> "하나님이 이르시되 우리의 형상을 따라 우리의 모양대로 우리가 사람을 만들고 그들로 바다의 물고기와 하늘의 새와 가축과 온 땅과 땅에 기는 모든 것을 다스리게 하자 하시고"(창1:26).

여기서 하나님은 스스로를 '우리'라는 복수(複數)로 부르셨습니다. 그것도 연속해서 세 번이나 반복해서 부르시더니 그다음 구절에서는 '하나님'이라는 단수(單數)로 부르셨습니다.

> "하나님이 자기 형상 곧 하나님의 형상대로 사람을 창조하시되 남자와 여자를 창조하시고"(창1:27).

흥미로운 것은 하나님이 스스로를 복수로 부를 때는 인간을 단수, 즉 '사람'으로 부르시고, 스스로를 단수로 부를 때는 반대로 인간을 '남자와 여자'라는 복수로 부르셨다는 사실입니다. 단수와 복수가 묘하게 대칭 구조를 이루고 있습니다. 무슨 뜻일까요? 눈치 채셨습니까? 하나님이 단수이면서 복수인 존재이듯이 사람도 그러하다는 뜻입니다.

성삼위 하나님을 보십시오. 본질은 완벽하게 하나이면서도 성부, 성자, 성령의 세 위격이 완전히 분리되어 있지 않습니까? 혹자는 성삼위일

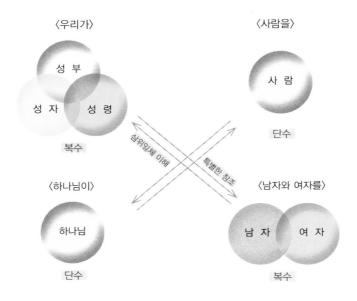

〈우리가〉

성부
성자 성령
복수

〈사람을〉

사람
단수

〈하나님이〉

하나님
단수

〈남자와 여자를〉

남자 여자
복수

삼위일체 이해   특별한 창조

★ 인간만이 단수이면서 복수이고 복수이면서 단수인 존재로 창조됨
★ 모든 피조물 중에 오직 인간만이 하나님의 삼위일체를 이해할 수 있는 존재로 창조됨

체를 '집에 가면 아버지, 회사에 가면 사장, 교회에 가면 장로'라는 식으로 설명하기도 하지만 사실 바른 설명이 아닙니다(단일신론 또는 양태론이라고 함). 단순히 직분만 바뀌는 정도의 상태가 아니기 때문입니다. 이와는 전혀 다른 차원의 개념입니다.

성삼위일체란 완전히 하나이면서 또 완전히 서로 다른 세 위격이라는 뜻입니다. 완전히 다르면서도 완전히 같은 하나의 본질을, 그 신비로운 연합의 관계를 우리가 어떻게 이해할 수 있겠습니까? 지금의 우리로서는 도저히 이해할 수 없습니다.

그런데 태초에 아담은 우리와 달랐습니다. 아담은 하나님의 형상을 닮은 존재로서 신비로운 연합을 유일하게 이해하는 피조물이었습니다. 아담이 여자를 처음 본 순간 내뱉었던 고백을 보십시오.

> "아담이 이르되 이는 내 뼈 중의 뼈요 살 중의 살이라 이것을 남자에게서 취하였은즉 여자라 부르리라 하니라"(창 2:23).

도대체 '뼈 중의 뼈'는 어디이며 '살 중의 살'은 또 어디란 말입니까? 구분할 수조차 없습니다. 자기가 잠자는 동안 하나님이 갈빗대를 하나 빼서 여자를 만드신 것을 이미 알고 있었다는 뜻일까요?

아닙니다. 아담은 여자를 보자마자 알아봤던 것입니다. 여자가 자기와 본질적으로 하나라는 것을 말입니다. 하나님이 남자의 갈빗대를 뽑아 여자를 만드셨다는 것은 남자와 여자가 본디 하나의 본체라는 것을 의미합니다. 남자와 여자는 서로 다른 몸을 가졌으면서도 본질적으로는 한 몸이었습니다. 겉보기에는 완전히 다른데 본질은 하나였습니다. 아담은 자신과 하나이면서 다른 인격을 가진 여자의 본질을 꿰뚫어 봤던 것입니다.

하나님의 형상을 닮은 아담은 여자와 신비로운 연합의 관계를 갖게 되자 성삼위일체 하나님을 더욱 잘 이해할 수 있게 되었습니다. 지식으로 안 것이 아니라 본능적으로 알았습니다. 하나님이 당신의 형상, 즉 자신을 인간에게 나누어 주었기 때문에 가능한 일이었습니다.

인간,
하늘과 땅을 잇는 존재

하나님은 땅의 흙을 빚어 생기를 불어넣으심으로써 사람을 하나님과 연합하는 존재로 창조하셨습니다.

> "여호와 하나님이 땅의 흙으로 사람을 지으시고 생기를 그 코에 불어넣으시니 사람이 생령이 되니라"(창 2:7).

사람은 땅에서 비롯되었지만 하나님의 생기를 받음으로써 하나님과 연합할 수 있는 유일한 존재였습니다. 또한 피조물 중에 세상과 하나님, 양쪽을 다 아는 유일한 존재였기 때문에 땅과 만물을 다스릴 자격이 있었습니다.

인간에게는 세상을 다스릴 권한과 함께 하나님의 주권에 순종해야 하는 의무가 주어졌습니다. 이것이 바로 세상과 하나님을 잇는 제사장적 역할입니다.

이스라엘의 제사장이 그런 역할을 감당했습니다. 제사장은 하나님을 알 뿐만 아니라 하나님의 뜻에 순종할 줄도 알아야 하고 동시에 이스라엘 백성의 죄를 알고 세상을 알아야 했습니다. 가장 이상적인 제사장이 바로 예수님이십니다. 중요한 것은 인간이 원래 예수님과 같은 역할을 하는 존재로서 지어졌다는 사실입니다. 그런데 지금은 하나님도 땅도 잘 모르는 어리석은 존재가 되고 말았습니다.

믿는 사람들조차도 사도 바울의 말처럼 부분적으로밖에는 알지 못합니다.

> "우리가 지금은 거울로 보는 것같이 희미하나 그때에는 얼굴과 얼굴을 대하여 볼 것이요 지금은 내가 부분적으로 아나 그때에는 주께서 나를 아신 것같이 내가 온전히 알리라"(고전 13:12).

이것은 하나님과 연합하지 않으면 영원히 알 수 없는 것입니다.

너를 위하여 안식하였다

하나님은 엿새 동안 창조하시고 나서 인간에게 세상을 위임하여 계속 돌보게 하려고 하셨습니다. 그래서 이렇게 축복하셨습니다.

> "하나님이 그들에게 복을 주시며 하나님이 그들에게 이르시되 생육하고 번성하여 땅에 충만하라, 땅을 정복하라, 바다의 물고기와 하늘의 새와 땅에 움직이는 모든 생물을 다스리라 하시니라"(창 1:28).

'정복하라, 다스리라'는 것은 싸워서 이겨 밟으라는 뜻이 아니라 '하나님의 방법대로 통치하라'는 뜻입니다. 여기서 이해하기에 가장 쉽지 않은 단어는 '충만'입니다. 세상에 길들여져 있는 우리는 충만이라고 하면 일단 수가 많고 양이 많은 것을 떠올립니다. 그러나 하나님이 말씀하신 충만은 그런 뜻이 아닙니다.

성경에서 '충만'은 '틈이 없이 쫙 붙어서 꽉 들어찬 것'을 가리킵니다. 즉 다른 게 비집고 들어갈 틈이 없는 상태를 말합니다. '매우 아름답고 만족스러운 상태'를 나타내는 말입니다. 나와 하나님 사이에 틈이 생기면 어떻게 됩니까? 마귀가 틈탑니다. 부부관계도 마찬가지입니다. 벌어진 틈만큼 딴생각을 하게 되어 있습니다. 그러나 빈틈없이 쫙 붙어 있으면 괜찮지요. 이것이 바로 충만입니다. 이처럼 '성령 충만'은 하나님과 동행하는 데 있어서 다른 것이 비집고 들어올 틈이 없을 정도로 하나님께 붙어서 하나님으로 가득 차 있는 상태를 가리킵니다.

창조의 대장정을 마치신 하나님이 안식(安息)을 선포하셨습니다.

"하나님이 그가 하시던 일을 일곱째 날에 마치시니 그가 하시던 모든 일을 그치고 일곱째 날에 안식하시니라"(창 2:2).

일곱째 날에 안식하셨다는 것은 매우 중요합니다. 일단, 7이란 숫자를 이해해야 합니다. 고대 히브리인들은 하늘의 숫자를 3, 땅의 숫자를 4라고 봤습니다. 따라서 하늘과 땅을 합하면 3 더하기 4, 즉 7이 되는데 이것이 완전수(完全數)입니다. 3과 4를 곱하여 만들어지는 12는 충만을 뜻합니다. 12지파, 12사도가 이런 의미로 만들어진 것입니다.

오병이어와 칠병이어에서 남은 광주리의 수를 기억해 보십시오. 오병이어 다음에는 열두 광주리가 남았고, 칠병이어 때는 일곱 광주리가 남았습니다. 예수님이 예측을 잘못해서 괜히 음식을 남기셨을까요? 아닙니다. 예수님이 축사(祝辭)하고 주신 것이 얼마나 충만하고 완전했는지를 드러내는 표현입니다.

창조를 다 마친 일곱째 날에 안식하셨다는 것은 그만큼 창조가 완벽했다는 것을 의미합니다. 보완하거나 보수할 필요가 없을 정도로, 즉 다시 손댈 필요가 없이 완벽하게 완전한 모습으로 창조되었다는 뜻입니다.

그런데 하나님은 왜 군이 안식일을 만드셨을까요? 엿새 동안 열심히 일하느라 힘들어서 잠시 쉬기 위해 만드셨을까요? 아닙니다. 사실 하나님에게는 안식일이 필요 없습니다. 사람에게 안식일을 주기 위해 안식하신 것입니다.

> "하나님이 그 일곱째 날을 복되게 하사 거룩하게 하셨으니 이는 하나님이 그 창조하시며 만드시던 모든 일을 마치시고 그 날에 안식하셨음이니라"(창 2:3).

하나님은 "일곱째 날을 복되게 하사 거룩하게" 하셨습니다. 말 그대로 안식일은 거룩하고 복된 날입니다. '거룩'은 하나님 앞에 구별하여 드린 바 되어 깨끗한 상태를 뜻합니다. 그러므로 안식일은 하나님께 구별하여 드리는 깨끗한 날입니다. 그리고 안식일은 하나님과 교제를 나누는 시간이기에 복되게 하셨습니다.

즉 안식일의 목적은 앞서 엿새 동안에 이루어진 모든 일이 하나님으로부터 비롯되었음을 확인하고 창조주 하나님과 교제하는 시간을 갖는 데 있습니다. 그리고 이것이 바로 창조의 목적이기도 합니다. 다시 말해 일곱째 날이야말로 창조의 목적이 이루어진 날입니다.

또한 하나님의 창조와 사람의 노동이 연결되는 지점이 바로 안식일입니다. 그래서 안식일은 매우 중요한 날입니다.

안식은 에덴 밖에서는
찾을 수 없다

사역이 너무 바빠서 주일에 안식하기는커녕 오히려 더 고되다고 말하는 사람들이 있습니다. 안식을 집에서 TV를 보거나 누워서 쉬는 것쯤으로 생각하기 때문에 하는 소리입니다. 안식과 '퍼짐'은 다른 것입니다. 안식은 평강의 하나님께 '나아가는 것'입니다. 하나님과의 관계가 온전해질 때에야 비로소 안식을 누릴 수 있기 때문입니다. 육체적으로 정신적으로 그냥 퍼지는 것과는 본질적으로 다릅니다.

안식일은 아담과 하와가 타락했을 때 이미 깨져 버렸습니다. 죄 때문

56

에 깨진 것입니다. 깨진 것이 다시 회복되려면 시간과 노력이 필요하지요. 창조를 마치신 하나님이 이제는 회복을 위해 구원 사역을 시작하셔야 했습니다. 안식일을 회복시키기 위해 구속 사역이 필요해진 것입니다. 창조는 구원을 통해서 회복됩니다.

출애굽기 20장을 보십시오. 이스라엘 백성이 시내 산에서 십계명을 받는 장면입니다. 이때 창세 이야기를 처음 들었을 것입니다.

> "나는 너를 애굽 땅, 종 되었던 집에서 인도하여 낸 네 하나님 여호와니라"(출 20:2).

그들은 먼저 하나님이 어떤 분이신지 기억해야 했습니다. 애굽으로부터 구원해 주신 분입니다. 뿐만 아니라 세상을 창조하신 창조주입니다. 이런 인식 아래 십계명을 주셨습니다.

> "안식일을 기억하여 거룩하게 지키라 엿새 동안은 힘써 네 모든 일을 행할 것이나 일곱째 날은 네 하나님 여호와의 안식일인즉 너나 네 아들이나 네 딸이나 네 남종이나 네 여종이나 네 가축이나 네 문안에 머무는 객이라도 아무 일도 하지 말라 이는 엿새 동안에 나 여호와가 하늘과 땅과 바다와 그 가운데 모든 것을 만들고 일곱째 날에 쉬었음이라 그러므로 나 여호와가 안식일을 복되게 하여 그 날을 거룩하게 하였느니라"(출 20:8-11).

제4계명은 안식일에 관한 내용입니다. 이스라엘은 안식일에 무엇을 거룩하게 지켜야 합니까? 천지를 만드신 하나님이 나의 하나님이심을 고백하고 하나님과 교제를 가져야 합니다. 하나님께로부터 오는 은혜를 받아야 안식일을 제대로 지키는 것이 됩니다.

원래 안식일은 토요일이었습니다. 지금도 유대인들은 토요일에 안식일을 지킵니다. 그런데 그리스도인들은 주일(主日)을 지킵니다. 왜 그럴까요? 예수님이 십자가에서 죽으시고 부활하심으로써 구원의 제물이 되셨기 때문에 그 안에서 회복이 가능하게 되었습니다. 그래서 우리는 주님이 십자가에서 죽으시고 부활하신 안식일 다음날을 주일로서 지키게 된 것입니다. 이제 십자가와 부활 없이는 하나님의 안식과 은혜에 연결될 수 없기 때문입니다.

"너는 기억하라 네가 애굽 땅에서 종이 되었더니 네 하나님 여호와가 강한 손과 편 팔로 거기서 너를 인도하여 내었나니 그러므로 네 하나님 여호와가 네게 명령하여 안식일을 지키라 하느니라"(신 5:15).

주일은 단순히 세상일을 하루 동안 멈추는 날이 아닙니다. 하나님의 창조하심을 기리고 하나님과 관계를 맺으며 하나님이 주시는 복을 누리기 위해 구별하여 드리는 날입니다. 즉 하나님께 구별된 삶을 드리는 것이야말로 주일의 목적입니다.

하나님은 사람을 위해 안식일을 만드셨습니다. 하나님 앞에서 안식을 누리는 인간을 통해 모든 피조물이 복을 받기 때문입니다. 이것이 바로 안식일의 의미이자 주일을 거룩하게 지켜야 하는 이유입니다.

창세기 2장은 하나님이 일곱째 날에 안식하셨다는 말씀에 뒤이어 사람을 창조하신 이야기로 되돌아갑니다.

> "여호와 하나님이 동방의 에덴에 동산을 창설하시고 그 지으신 사람을 거기 두시니라"(창 2:8).

안식일 다음에 에덴동산이 나오는 이유가 무엇일까요? 하나님 안에서 안식하는 것이 무엇인지 보여 주고자 함입니다. 즉 '안식은 세상에서 찾을 수 없는 것'이라는 사실을 말하고 싶은 것입니다. 하나님이 초청하신 곳, 에덴동산 밖에서는 안식을 찾을 수 없습니다. 이것이 바로 세상에서 안식을 찾아볼 수 없는 이유입니다. 아마도 '새 하늘과 새 땅'이 바로 에덴동산과 같은 곳일 테지요.

> "강이 에덴에서 흘러나와 동산을 적시고 거기서부터 갈라져 네 근원이 되었으니 첫째의 이름은 비손이라 금이 있는 하윌라 온 땅을 둘렀으며 그 땅의 금은 순금이요 그곳에는 베델리엄과 호마노도 있으며 둘째 강의 이름은 기혼이라 구스 온 땅을 둘렀고 셋째 강의 이름은 힛데겔이라 앗수르 동쪽으로 흘렀으며 넷째 강은 유브라데더라"(창 2:10-14).

'물 댄 동산'으로 해석되기도 하는 '에덴(Eden)'은 '행복한 땅, 축복의 땅'이라는 뜻입니다. 그곳에서 네 개의 강이 흘러나왔다는 것은 '열매와 생명이 충만하라'는 축복을 의미합니다.

동산 가운데 서 있던 생명나무가 의미하는 것은 무엇입니까? 피조물인 인간의 생명이 영원하지 않다는 것을 의미합니다. 아담은 생명나무의 열매를 먹어야만 영생이 가능한 미완성의 존재였던 것입니다.

그는 죄가 없으나 죄를 지을 가능성이 있는, 아직 완성되지 않은 존재였습니다. 아담도 성화(聖化)의 과정이 필요했다는 뜻이기도 합니다. 하나님의 말씀을 지키며 살아야 하는 행위 언약이 그의 앞에 놓여 있었습니다. 아담이 지켜야 했던 하나님의 말씀이 무엇입니까? 선악을 알게 하는 나무의 열매를 먹지 말라는 것이었습니다.

너를 위하여
돕는 배필을 주었다

하나님이 말씀하신 "사람이 혼자 사는 것이 좋지 아니하니"(창 2:18)라는 것은 결코 '나쁘다'는 뜻이 아니었습니다. 아담을 포함한 피조 세계가 완벽하고 아름다웠지만 '훨씬 더 좋은 상태로 다스리게 하기 위해' 아담에게 돕는 배필을 붙여 주려고 하신 것입니다. 이것은 분명한 계획이었습니다.

그런데 바로 뒤에 이어지는 장면을 보십시오. 마치 샌드위치 빵 사이에 달걀과 햄을 넣듯이 18절과 20절 사이에 19절이 끼어 있습니다.

> "여호와 하나님이 이르시되 사람이 혼자 사는 것이 좋지 아니하니 내가 그를 위하여 돕는 배필을 지으리라 하시니라"(창 2:18).

> "여호와 하나님이 흙으로 각종 들짐승과 공중의 각종 새를 지으시고 아담이 무엇이라고 부르나 보시려고 그것들을 그에게로 이끌어 가시니 아담이 각 생물을 부르는 것이 곧 그 이름이 되었더라"(창 2:19).

> "아담이 모든 가축과 공중의 새와 들의 모든 짐승에게 이름을 주니라 아담이 돕는 배필이 없으므로 여호와 하나님이 아담을 깊이 잠들게 하시니 잠들매 그가 그 갈빗대 하나를 취하고 살로 대신 채우시고"(창 2:20-21).

이상하지 않습니까? 앞뒤 문맥과는 어울리지 않는 엉뚱한 장면입니다. 이게 무슨 뜻일까요?

아담이 각 생물을 부르는 대로 그 이름이 되었다고 했습니다. 유대인에게 이름이란 곧 본질을 뜻합니다. 이름이 본질을 드러낸다고 보기 때문에 지금도 전통에 따라 매우 신중하게 이름을 짓습니다. 아담에게는 각 생물의 본질을 꿰뚫어 보는 안목이 있었고 그래서 각기 다른 이름을 붙일 수 있었습니다. 여기서 중요한 것은 하나님의 창조 원리를 알아야만 각 생물의 본질을 볼 수 있다는 사실입니다. 이것은 아담에게 하나님의 창조 원리를 알아보는 눈이 있었고, 따라서 하나님의 창조 원리대로 자연을 다스릴 만한 능력이 그에게 있었음을 뜻합니다.

자연을 '훨씬 더 좋은 상태로 다스리게 하기 위해' 아담에게 돕는 배필, 즉 동역자로서 여자를 주셨습니다.

그런데 왜 하나님은 굳이 아담의 갈빗대를 뽑아서 여자를 만드셨을까요? 조금 색다르게 만들고 싶어서 그러셨을까요? 게다가 아담이 깊이 잠든 후에야 갈빗대를 뽑으셨습니다. 고통 없이 수술하실 수 있는 능력의 하나님이 왜 굳이 아담을 잠재우셨을까요?

하나님의 형상을 닮은 아담이 하나님의 연합을 이해하고 배우기 위해서는 본질적으로 같으나 다르기도 한 동등한 상대가 필요했습니다. 그 상대는 다른 어떤 피조물도 아닌 아담과 같은 사람이어야만 합니다. 하나님은 여자를 남자와 연합하는 존재로서 또 동역자로서 만드셨습니다.

그런데 만약에 아담이 잠들지 않은 상태에서 갈빗대를 뽑아 여자를 만들었다면 하나님의 창조에 남자가 개입한 셈이 됩니다. 그러면 나중에 여자를 볼 때마다 이렇게 말하며 교만을 떨 수도 있습니다.

"너는 내 갈빗대로 만든 2등 인간이야. 하나님이 갈비뼈를 뽑으실 때 얼마나 긴장했는지 알아? 어디서 고개를 바짝 쳐들어? 겨우 갈빗대 주제에 나한테 까부는 거야?"

하나님은 아담이 어떤 식으로든 우월한 위치에 서는 것을 금하셨습니다. 더도 덜도 아닌 하나의 본질이면서 다른 존재인 동역자로서의 여자를 만드신 것입니다. 이렇듯 남자와 여자는 합력하여 하나님의 뜻에 순종하도록 지어졌습니다.

하나님은 모든 생물 안에 씨와 생명을 넣어 주시고 생육하고 번성하라고 축복하셨습니다. 이것이 바로 동성애가 하나님의 법칙이 아닌 이유입니다. 동성 커플도 돕는 배필과 결혼하여 자녀를 입양해서 키우면 가정을 이룰 수 있다고 주장하지만 헛된 주장일 뿐입니다. 하나님의 창조 법칙은 둘이 연합하여 생육하고 번성하는 축복의 흐름을 따릅니다. 이것이 없다면 돕는 배필이 아닙니다. 돕는 배필이란 함께 생육하고 번성하는 존재이기 때문입니다.

"이러므로 남자가 부모를 떠나 그의 아내와 합하여 둘이 한 몸을 이룰지로다"(창 2:24).

이 구절을 보고 남자와 여자에게 부모가 있었다고 해석하는 사람들이 있습니다. 그러나 잘못된 해석입니다. 아담은 모든 인류의 아버지이며 여자는 모든 인류의 어머니입니다. 이들이 바로 부모입니다. 따라서 이 구절은 아담과 여자가 장차 자손들에게 어떻게 해야 하는지를 알려 주는 말씀입니다. 앞으로 태어날 수많은 자녀는 모두 "너에게 종속된 존재가 아니다"라고 말씀하신 것입니다. 부모를 통해 태어나더라도 엄연히 하나님의 자녀이기 때문입니다.

우리 문화 속에는 유교(儒教)가 뿌리 깊게 박혀 있습니다. 옛날에는 여자가 결혼하면 무조건 시댁 귀신이 되어야 한다고 가르쳤습니다. 그러나 기독교에서는 시댁 귀신이라는 건 있을 수 없습니다.

하나님의 가정은 남자와 여자가 각각 부모를 떠나 연합하는 것이기 때문입니다. 영적으로나 정신적으로나 경제적으로나 홀로 선 두 사람이 만나는 것입니다. 남자와 여자가 연합하여 하나님의 연합을 배우고 또 하나님의 사명을 이뤄 가야 합니다. 이것은 부모와 가졌던 끈끈한 수직 관계를 떠나서 남자와 여자가 서로 연합해야만 가능합니다.

하나님이 만드신 공동체는 가정과 교회뿐입니다. 나머지는 모두 인간이 임의대로 만든 것입니다. 만약에 아담이 타락하지 않고 건재했다면 교회는 아예 생겨나지도 않았을 것입니다. 가정만으로도 충분했을 것입니다.

창세부터 하나님은 가정을 통해 하나님나라의 일을 하려고 작정하셨습니다. 그렇기 때문에 가정이 중요하고, 그만큼 사탄의 공격도 심합니다. 가정과 교회는 사탄의 집중 공격 대상입니다. 이 둘만 파괴하면 모두가 파괴되기 때문입니다.

인간 행복의 끝

하나님은 에덴동산이라는 특별한 곳을 만들고 아담과 여자를 초청하셨습니다. 이곳은 하나님이 사람을 안전하게 보호하는 땅인 동시에 사람이 하나님과의 언약을 지켜야 하는 땅입니다. 그곳에 생명나무와 선악과나무가 있었습니다.

> "여호와 하나님이 그 사람에게 명하여 이르시되 동산 각종 나무의 열매는 네가 임의로 먹되 선악을 알게 하는 나무의 열매는 먹지 말라 네가 먹는 날에는 반드시 죽으리라 하시니라"(창 2:16-17).

사실 선악과는 특정한 나무의 열매가 아니었습니다. 하나님이 임의로 나무 한 그루를 선택하시고 금지시키셨다는 뜻입니다. 정확하게 말해서 선악과나무란 특정한 나무의 이름이 아니라 '선과 악의 기준이 되는 나무'를 가리키는 말입니다.

만약에 하나님이 선악과라는 특별한 나무를 만드셨다면 신학적인 난제(難題)가 될 수밖에 없습니다. 하나님이 악의 시작이 되셨다는 뜻이기 때문입니다. 악과 가까이할 수 없는 하나님이 어떻게 악의 시작이 되시겠습니까? 하나님이 선악과를 만드셨다는 것 자체가 어불성설(語不成說)입니다.

그렇다면 하나님이 '선악을 알게 하는 나무'를 지정하신 이유는 무엇일까요? 다음 장에서 그 놀라운 의미를 알게 될 것입니다.

Part 2

네가
죄를
선택했다

"여자가 그 나무를 본즉 먹음직도 하고 보암직도 하고
지혜롭게 할 만큼 탐스럽기도 한 나무인지라
여자가 그 열매를 따먹고
자기와 함께 있는 남편에게도 주매
그도 먹은지라"

창 3:6

Chapter 3

아담아,
네가 어디에 있느냐

하나님으로부터 피조 세계를 다스릴 권한을 위임 받은 아담은 모든 생물의 이름을 지어 줄 정도로 하나님의 창조 사역을 잘 이해하고 있었고 각 생물의 본질을 꿰뚫어 볼 줄 알았습니다. 뿐만 아니라 같은 이름을 짓지 않을 만큼 기억력이 우수하고 영특했습니다. 하나님이 보시기에 아담은 매우 기특한 존재였을 것입니다.

하나님은 당신의 형상을 닮아 지혜롭고 똑똑한 아담이 피조물로서 창조주이자 주권자이신 하나님의 존재를 분명하게 알고 성화되어 가기를 원하셨습니다. 그래서 금령(禁令)의 나무, 즉 선악을 알게 하는 나무를 아담 앞에 세우신 것입니다.

"여호와 하나님이 그 사람에게 명하여 이르시되 동산 각종 나무의 열매는 네가 임의로 먹되 선악을 알게 하는 나무의 열매는 먹지 말라 네가 먹는 날에는 반드시 죽으리라 하시니라"(창 2:16-17).

'이 모든 것이 나로 말미암은 것임을 네가 믿는다면, 내가 금지한 열매를 먹지 말라'는 뜻입니다. 하나님께 다스림을 받는 대신에 스스로 주권자가 되기를 선택한다면 선악과를 먹을 것이고, 하나님의 뜻에 순종하며 살기를 원한다면 먹지 않을 것입니다. 이것은 굉장히 중요한 선택입니다. 말씀에 순종한다는 것은 곧 하나님의 주권을 인정한다는 뜻입니다. 반대로 하나님의 말씀에도 불구하고 금령의 나무 열매를 먹는다면 하나님께 도전하는 것이고 스스로 결정권자가 되겠다는 뜻입니다.

왜
선악과인가?

하나님이 금하신 열매를 먹느냐 먹지 않느냐가 곧 선악의 기준이 됩니다. 다시 말해서 만약에 하나님이 동산에 있는 작은 샘물을 마시지 말라고 하셨다면 선악과가 아닌 선악수(水)가 됐을 것이고, 돌멩이 하나를 가리키며 만지지 말라고 하셨다면 선악수가 아닌 선악석(石)이 됐을 것입니다.

중요한 것은 선악과나무의 존재 유무가 아니라 하나님이 무엇인가를 지목하여 금지시키셨다는 것입니다. 이런 의미로 볼 때 하나님 앞에서 날마다 불순종하게 되는 것, 계속 싸우게 되는 그것이 바로 '나의 선악과'인 셈입니다. 선악과는 하나님의 주권을 인정하느냐 안 하느냐의 증거가 되기 때문입니다.

'선악을 알게 하는 나무'에서 '알다'에는 '지식과 재능'이라는 두 가지 의미가 들어 있습니다. 태초의 아담에게는 선(善)에 대한 지식과 선을 행할 재능이 있었습니다. 그런데 선악과를 먹으면서 어떤 일이 벌어졌습니까? 악(惡)에 대한 지식과 악을 행할 재능이 생겼습니다.

궁지에 몰리면 누가 가르쳐 주지 않았는데도 변명이 튀어나오고, 화가 치밀 때는 욕이라도 내뱉어야 시원하지 않습니까? 우리 안에 악에 대한 재능이 있기 때문입니다.

성경에서 말하는 '선'은 '하나님을 좇는 것'입니다. 다른 말로 '거룩'이라고 합니다. 이와 반대로 '악'은 '하나님의 반대편에 서는 것'을 뜻합니다. 그래서 악인은 하나님으로부터 멀리 떨어지려는 속성이 있습니다. 간단히 말해서 하나님의 말씀에 순종하면 선, 불순종하면 악입니다. 그 중심에 하나님이 계십니다.

성경에서 말하는 선은 세상의 윤리 도덕보다 고차원적인 개념입니다. 윤리적으로 아무리 바르게 살아도 하나님의 뜻을 따르지 않는다면 악한 것입니다. 세상에 법 없이 살 수 있는 사람은 없습니다. 인간은 누구나 죄성을 가지고 태어나기 때문입니다. 선악의 기준은 항상 하나님입니다. 하나님의 말씀에 순종하는 것이 선이고, 반항하는 것이 악입니다.

'하나님께 어떻게 반응하는가? 하나님 앞에서 어떻게 살아가는가?' 하는 문제의 잣대가 되는 것이 바로 선악과입니다. 하나님은 선악을 알게 하는 나무의 열매를 "먹지 말라", 먹으면 "반드시 죽으리라"라고 두 번이나 강조하셨습니다. 매우 강한 금지입니다. 아담과 여자는 에덴동산 가운데 서 있는 금령의 나무를 보면서 '하나님이 창조주이며 주권자이시다. 우리는 하나님의 명령을 지켜야만 살 수 있다'는 사실을 묵상해야만 했습니다. 만약에 아담이 말씀을 잘 지켰더라면 지금처럼 두꺼운 성경책은 아마 존재하지 않았을 것입니다.

검은 유혹,
과녁을 벗어난 질문

여호와 하나님이 지으신 들짐승 중에 뱀이 가장 간교했다고 합니다. 타락하기 전에는 모든 것이 선했다는 전제를 잊지 말기 바랍니다. 여기서 '간교하다'는 지금처럼 나쁜 뜻이 아니라 '슬기로운 자(잠 12:16, 14:8)'라는 뜻입니다. 한마디로 하나님이 지으신 짐승들 중에서 가장 똑똑한 녀석이었다는 얘기입니다. 그런데 결과적으로 뱀이 자신의 지혜를 하나님을 거스르는 데 사용했기 때문에 뱀의 지혜를 '간교'라는 부정적인 뉘앙스로 표현한 것입니다. 결코 하나님이 간교한 짐승도 창조하셨다는 뜻이 아닙니다.

> "그런데 뱀은 여호와 하나님이 지으신 들짐승 중에 가장 간교하니
> 라 뱀이 여자에게 물어 이르되 하나님이 참으로 너희에게 동산 모
> 든 나무의 열매를 먹지 말라 하시더냐"(창3:1).

뱀이 여자를 꾀는 장면을 보십시오. "모든 나무의 열매를 먹지 말라
하시더냐?" 하고 부정문으로 묻습니다. 하나님이 먹지 말라고 하신 것
은 단 한 그루뿐이고, 그것을 제외한 나머지는 모두 먹을 수 있었는데도
불구하고 교묘하게 비틀어 부정적으로 말함으로써 오직 그것만 눈에 들
어오게 만듭니다. 하나님이 뭔가 주시지 않은 듯한 느낌을 줍니다. 마치
하나님과 불평등한 거래를 한 듯한 인상을 주는 것입니다. 사탄의 흔한
수법입니다.

그런데 여기서 재미있는 사실을 한 가지 발견합니다. 하나님이 선악
과를 먹지 말라고 하신 것을 뱀이 이미 알고 있었다는 것입니다. 아니,
에덴동산의 모든 피조물이 알고 있었던 것입니다. 뱀은 금령의 나무의
존재를 정확히 알고 있었고, 다른 피조물들도 마찬가지였을 것입니다.

죄의 헬라어 하마르티아(hamartia)는 '과녁을 빗나가다'라는 뜻입니다.
그렇습니다. 죄란 하나님이 원하시는 방향으로 쏘지 않고 엉뚱한 방향
으로 쏘아 '빗나가는 것'을 가리킵니다.

> "우리의 씨름은 혈과 육을 상대하는 것이 아니요 통치자들과 권세
> 들과 이 어둠의 세상 주관자들과 하늘에 있는 악의 영들을 상대함

이라"(엡 6:12).

씨름할 때 상대방의 중심을 비틀어야 기술이 먹힙니다. 그래야 이길 수 있습니다. 사탄은 누군가를 넘어뜨리려면 초점을 흐트러뜨려 중심을 뒤틀어야 한다는 것을 잘 알고 있습니다. 헷갈리게 만드는 것입니다.

사탄의 비틀기 기술을 이기려면 마음의 확정이 있어야 합니다.

"하나님이여 내 마음이 확정되었고 내 마음이 확정되었사오니 내 가 노래하고 내가 찬송하리이다"(시 57:7).

마음이 확정되면 아무것도 문제가 되지 않습니다.

사탄은 절대로 정면으로 승부를 걸어오지 않습니다. 시야를 흐리게 만들고 초점을 헷갈리게 만드는 것이 수법입니다. 나는 이것을 '영적 전쟁의 잽(jab)'이라고 부릅니다. 권투의 잽 기술을 걸어온다는 뜻입니다. 작지만 연속으로 때리는 잽이 오히려 무섭습니다. 툭, 툭, 툭! 연달아 맞다 보면 짜증이 나고 급기야 폭발하고 마는 것입니다. 이것이 사탄의 수법입니다.

뱀의 물음에 여자가 대답했습니다.

"여자가 뱀에게 말하되 동산 나무의 열매를 우리가 먹을 수 있으나 동산 중앙에 있는 나무의 열매는 하나님의 말씀에 너희는 먹지도 말고 만지지도 말라 너희가 죽을까 하노라 하셨느니라"(창 3:2-3).

하나님이 "선악을 알게 하는 나무의 열매는 먹지 말라 네가 먹는 날에는 반드시 죽으리라"(창 2:17)고 분명히 경고하셨는데도 여자는 "먹지도 말고 만지지도 말라"고 하셨다고 말씀을 덧붙이더니 "죽을까 하노라"고 흐릿하게 약화시키기까지 했습니다.

유혹에 의지가 결합된 결과가 바로 죄입니다. 유혹이 와도 의지적으로 거절하면 승리할 수 있습니다. 그러나 의지적으로 붙잡으면 죄가 됩니다.

죄는 마인드(mind)의 타락을 통해서 들어옵니다. '마인드'는 태도와 자세, 세계관, 가치관 등의 개념 문제입니다. 따라서 순종도 마인드에서 결정이 납니다. 죄는 결국 마인드의 싸움입니다.

뱀의 유혹에 여자의 중심이 뒤틀리기 시작했습니다. 마인드가 변하니 말씀이 변질되었습니다. 말씀에 무지하면 타락할 수밖에 없습니다. 마인드가 한번 변질되면 세상이 다 그렇게 보입니다. 이것이 타락의 시작입니다. 사탄이 공격할 때 '결코'라는 말이 나오면 조심해야 합니다. 사탄에게 틈을 보였다는 뜻이기 때문입니다. 그 틈을 비집고 들어오는 사탄 때문에 말씀의 변질과 생각의 전향과 자의적인 해석이 생기는 것입니다.

여자의 마인드가 흔들리고 말씀이 약화되자 뱀이 결정타를 날립니다.

"뱀이 여자에게 이르되 너희가 결코 죽지 아니하리라 너희가 그것을 먹는 날에는 너희 눈이 밝아져 하나님과 같이 되어 선악을 알 줄 하나님이 아심이니라"(창 3:4-5).

여기서 '눈이 밝아지다'란 '외모가 출중해지다. 지력이 하나님같이 향상되다'라는 뜻입니다. 뱀은 하나님과 인간을 비교하며 말한 것입니다. 그렇습니다. 죄는 비교를 통해서 들어옵니다. 비교하기 시작하면 불평이 시작됩니다. 하나님이 주신 것에 불만을 갖게 되고 원망하기 시작합니다. 아담과 여자는 하나님이 주신 모든 것에도 불구하고 만족함이 없이 자기가 결정하고 자기 뜻대로 살고 싶은 욕심을 품게 되었습니다. 결국 욕심이 죄를 불러들였습니다. 그러나 신앙은 상대평가가 아니라 절대평가입니다.

사탄이 왜 아담과 여자를 유혹했을까요? 종이 아닌 '자유인'이기 때문입니다. 종은 명령의 대상이지 유혹의 대상이 아닙니다. 여기서 '자유'란 제 마음대로, 제멋대로 사는 방종과 방탕을 가리키는 말이 아닙니다. '죄를 거부할 수 있는 권리'를 뜻합니다. 죄에 대한 거부권 행사 여부에 따라 사탄의 유혹은 성공하기도 하고 실패하기도 합니다.

자신의 자유의지를 제대로 사용하지 않은 아담과 여자는 결국 뱀에게 사기를 당하고 말았습니다. 뱀은 선악과를 먹으면 선과 악을 다 알게 될 것이라고 유혹했지만 실상 선을 아는 능력은 사라지고 오로지 악을 좇고 악을 아는 능력만 더해졌을 뿐입니다. 엄청난 착각이었던 것입니다.

타락하기 전에는 선을 알고, 선을 행할 수 있는 능력이 있었는데 이후에는 선을 행하기는커녕 아는 것조차 어려워졌습니다.

선을 행할
능력을 잃다

마인드가 변하자 모든 것이 달라졌습니다. 여자의 눈에 선악과가 너무나도 탐스럽게 보이기 시작한 것입니다.

> "여자가 그 나무를 본즉 먹음직도 하고 보암직도 하고 지혜롭게 할 만큼 탐스럽기도 한 나무인지라 여자가 그 열매를 따먹고 자기와 함께 있는 남편에게도 주매 그도 먹은지라"(창 3:6).

여자의 '보암직도 하고 탐스럽게 보였다'는 생각은 하나님이 엿새 동안 창조 때마다 "보시기에 좋았더라"고 말씀하신 것과 비교가 됩니다. 하나님이 보시기에 좋은 것은 아름다움이지만 사람 눈에 좋아 보이는 것은 타락입니다. 이것이 다른 점입니다. 하나님 보시기에 좋은 것을 좇지 않고 자기 보기에 좋은 것을 따라가는 것이 죄입니다.

아담과 하와는 죄가 없으나 죄 지을 가능성은 타고난 상태였습니다. 자유인이기 때문입니다. 선악과라는 행위 언약을 통해 죄를 다스리는지 아니면 죄에 굴복하는지를 시험 받은 것입니다.

그런데 여자의 보는 눈이 달라졌습니다. 이미 나무가 달라 보였습니다. 하지만 먹기도 전에 군침을 삼키는 유혹은 아직 죄라고 할 수 없습니다. 의지적으로 거절할 여지가 있기 때문입니다.

결국 선악과를 먹음으로써 선을 행하는 능력은 잃고 악에 대한 재능이 생겨났습니다. 자라나는 아이들을 보십시오. 가르쳐 주지 않아도 악의 재능을 타고났지 않습니까? 선악과를 먹기 전에는 선에 대한 지식과 선을 행하는 능력이 있었는데 타락 이후에는 하나님께 대적하는 달란트를 가지고 태어나게 되었습니다.

어떻게 이런 일이 가능합니까? 이렇게 설명할 수 있습니다. 버튼을 잘못 눌러서 원전이 폭발했습니다. 그 바람에 방사능에 오염되었는데 결혼해서 아이를 낳고 보니 모두 기형아가 태어난 것입니다. 방사능에 오염되었기 때문에 그전과는 다른 세대가 태어나게 된 것입니다. 이처럼 아담과 하와가 죄에 오염되니 동생을 때려죽이는 살인자 가인이 태어났고 세대를 거듭할수록 점점 더 무서운 놈들이 태어나게 되었습니다.

아담과 하와가 선악과를 먹음으로써 죄에 빠졌고, 그로 인해 인간 영혼이 영향을 받아 부패한 것을 가리켜 '원죄(原罪)'라고 합니다. 타락 이후에는 모든 자녀에게 부패된 원죄가 고스란히 유전되어 오고 있는 것입니다. 원죄를 갖고 태어나면서부터 인간에게는 죄를 짓는 실력이 생겨났습니다. 그 재능으로 저지르는 것이 바로 '자범죄'입니다. 죄가 싹트고 발전하더니 계속해서 증가합니다. 죄가 한계의 끝에 다다라서 더 이상 돌이킬 가능성이 없어질, 그때 심판이 임할 것입니다.

수치를
깨닫다

선악과를 먹고 나자 뱀이 말했던 것처럼 눈이 밝아졌습니다. 여기서 '눈이 밝아지다'는 수동의 의미입니다. 성경 속의 표현에는 능동의 의미와 수동의 의미가 구분됩니다. 수동의 의미는 말 그대로 원하지 않던 것을 강제적으로 당하는 것을 말합니다. 즉 선악과를 먹는 순간 눈이 발가벗겨지듯 열렸다는 것입니다. 의지와 상관없이 느닷없이 자신이 벗은 줄을 알게 되었습니다. 벗었으나 부끄러워하지 않던 아담과 여자가 죄로 인해 부끄러움을 알게 된 것입니다. 이때부터 인간 내면에 쓴 뿌리가 생기기 시작했습니다.

인간 마음속 깊은 곳에는 수치심과 좌절감이 뒤엉켜 있습니다. 쓴 뿌리는 단순한 내면 문제가 아닙니다. 하나님과의 관계가 깨져서 생긴, 죄의 결과인 것입니다.

어렸을 때, 어머니가 아끼시던 것을 깨뜨린 적이 있습니다. 깨끗이 치우고 나서 어머니에게 혼날 각오를 하고 솔직하게 말씀드리려고 했습니다. 그런데 상황을 파악한 어머니가 "네가 그랬어?" 하고 묻자 나도 모르게 순간적으로 "아니요!"라고 대답했습니다. 진짜 고백할 마음이 있었는데도 말입니다. 이게 본능입니다. 그때 일을 돌아보면서 느낀 것은 '인간은 죄가 드러나면 부끄러워하며 가린다'는 것입니다.

아담과 여자는 벗은 줄 깨닫자 무화과나무 잎을 엮어 스스로 치마를 만들어 입었습니다. 가리기 시작한 것입니다. 정직하려면 용기가 필요합니다. 은혜와 사랑이 필요합니다. 그래서 하나님은 회개할 시간을 주고 기다리십니다. 돌이킬 수 있는 시간을 줘야 하기 때문입니다.

죄를 짓지 않으면 어떻습니까? 자유합니다. 하나님을 잘 믿는다는 건 마귀나 세상 유혹들 앞에 당당하고 떳떳한 것을 가리킵니다. 하나님 앞에 서도 부끄럽지 않은 것입니다.

그러나 죄가 들어오는 순간 어떻게 됩니까? 자신을 온전히 세우지 못하게 됩니다. 부끄러움 때문에 숨습니다. 두려움이 에워싸 결국 그 안에 갇히게 됩니다. 이것이 바로 죄가 주는 무서운 형벌입니다.

운명의 그날, 바람이 불 때 여호와 하나님이 동산을 거니셨습니다(창 3:8). 개역한글판에는 "서늘할 때"라고 번역되어 있는데 의미상 "바람이 불 때"가 더 정확한 번역이라고 봅니다. 하나님의 임재나 역사를 나타낼 때 자주 쓰이는 표현이기 때문입니다.

하나님이 '동산을 거니셨다'는 것은 인간 역사 속에 거하며 활동하셨다는 것을 의미합니다. 세상을 창조하고 하늘에서 내려다보기만 하시지 않았다는 뜻입니다. 하나님은 직접 인간이 있는 동산에 들어와 관여하고 교제를 나누길 원하셨습니다.

그런데 아담과 하와는 '거니시는 하나님'을 피해 숨었고 그로 말미암아 교제의 특권을 놓쳐 버렸습니다. 벌거벗었다는 수치심 때문에 동산을 다스리고 통치해야 할 인간이 나무 뒤에 숨는 신세가 되었습니다. 마땅히 있어야 할 자리에 서지 못한 채 숨은 것입니다. 타락하기 전에는 하나님 앞에 서는 것이 두렵지 않았는데 죄가 두려움을 몰고 왔습니다.

죄를 지으면 가장 나쁜 게 뭔 줄 아십니까? 죄가 주는 더러움, 즉 수치심이 지배하기 시작한다는 것입니다. 누가 벌을 주기도 전에 스스로 죄에 얽매이고 죄책감과 두려움에 시달리게 됩니다.

인류 역사상
최초의 재판

하나님이 아담을 찾으셨습니다.

"네가 어디 있느냐"(창 3:9).

인류 역사상 최초의 재판이 시작되는 순간입니다. 아담이 "벗었으므로 두려워하여 숨었나이다"(창 3:10) 하고 고백했습니다. 아니, 언제는 벗고 있지 않았습니까? 이유가 타당하지 않습니다. 어제까지는 아무 문제가 없었던 것이 왜 오늘 갑자기 문제가 됩니까? 진짜 문제는 따로 있다는 뜻입니다.

모든 것을 꿰뚫어 보시는 하나님이 서두르지 않고 정곡을 찔러 물으셨습니다.

> "이르시되 누가 너의 벗었음을 네게 알렸느냐 내가 네게 먹지 말라 명한 그 나무 열매를 네가 먹었느냐 아담이 이르되 하나님이 주셔서 나와 함께 있게 하신 여자 그가 그 나무 열매를 내게 주므로 내가 먹었나이다"(창 3:11-12).

그런데 아담은 변명하기에 급급했습니다. 그 순간 "잘못했습니다" 하고 곧바로 회개했더라면 좋았을 텐데, 변명도 모자라서 자기합리화까지 했습니다.

하나님이 여자에게 물으셨습니다. "네가 어찌하여 이렇게 하였느냐?" 그러자 여자도 혼자 당할 수만은 없다는 듯이 얼른 대답했습니다. "뱀이 나를 꾀므로 내가 먹었나이다"(창 3:13).

죄인의 특징이 무엇인지 아시겠습니까? 죄의 원인을 자신에게서 찾지 않고 남의 탓으로 돌리는 것입니다. 여자보다는 아담이 훨씬 똑똑했던 것 같습니다. 여자는 뱀의 탓으로 돌렸지만 아담은 한꺼번에 하나님과 여자의 탓으로 돌렸으니 말입니다. 하나님에게 은근히 책임을 전가할 만큼 범죄 지능 지수가 급상승한 셈입니다. 죄가 들어오면 이렇게 없던 능력도 생겨납니다.

신앙에는 중립지대가 없습니다. 딱 두 가지 길이 있을 뿐입니다. 성령을 좇든가 세상으로 가든가 둘 중에 하나밖에 없습니다. 그런데 아담의 범죄 이후 사람에게는 어떤 재능이 생겼느냐면 자기 자신을 합리화하며 교묘하게 하나님 탓으로 돌리는 것입니다. "하나님이 살아 있다면 어떻게 세상이 이럴 수 있는가? 내 인생이 어떻게 이럴 수 있는가?" 하고 은근히 하나님 탓으로 돌리는 경우가 많지 않습니까? 이것 또한 죄입니다.

그런데 여자가 선악과를 먹을 때 아담은 어디에 있었을까요? 말씀을 보니 "자기와 함께 있는 남편"(창 3:6)에게 주었다고 했습니다. 여자가 뱀의 유혹에 넘어가는 순간에도 아담은 여자 곁에 있었습니다. 그런데도 침묵했고 여자에게 책임을 전가했습니다. 그래서 하나님은 아담에게 책임을 더 크게 물으신 것입니다.

수고로움과 죽음, 저주의 시작

반면에 뱀에게는 아무것도 묻지 않으셨습니다. 창조의 섭리에 순응하지 않은 피조물은 심판의 대상이 될 뿐입니다.

> "여호와 하나님이 뱀에게 이르시되 네가 이렇게 하였으니 네가 모든 가축과 들의 모든 짐승보다 더욱 저주를 받아 배로 다니고 살아 있는 동안 흙을 먹을지니라"(창 3:14).

뱀에게 내린 형벌은 한마디로 '은혜의 포기'입니다. 피조물에게 베풀어지던 하나님의 은혜를 포기시키는 것입니다. 흥미로운 것은 '살아 있는 동안 흙을 먹을 것'이라는 벌입니다. 모든 생물에게 먹을거리를 주신 하나님이 이제부터는 뱀에게 무엇을 먹고 살라고 하십니까? 흙을 먹을 것이라 했습니다. 하나님이 주신 먹을거리를 못 먹을 뿐만 아니라 배로 기어 다니며 흙을 먹어야 합니다. 피조물 중에 가장 총명했던 뱀이 가장 바닥으로 떨어지는 역전의 상황입니다. 장차 누군가에게서 하나님의 은혜가 거두어지면 그가 어떤 형편에 처하게 될지를 보여 주는 것입니다.

뱀이 흙을 먹는다면 아담은 무엇을 하게 됩니까? 그가 받게 될 죄의 대가는 훨씬 컸습니다. 자기 자신뿐 아니라 그가 다스려야 하는 땅까지 모두 함께 저주를 받게 되었으니 말입니다.

> "아담에게 이르시되 네가 네 아내의 말을 듣고 내가 네게 먹지 말라 한 나무의 열매를 먹었은즉 땅은 너로 말미암아 저주를 받고 너는 네 평생에 수고하여야 그 소산을 먹으리라 땅이 네게 가시덤불과 엉겅퀴를 낼 것이라 네가 먹을 것은 밭의 채소인즉 네가 흙으로 돌아갈 때까지 얼굴에 땀을 흘려야 먹을 것을 먹으리니 네가 그것에서 취함을 입었음이라 너는 흙이니 흙으로 돌아갈 것이니라 하시니라"(창 3:17-19).

이제부터는 땅이 저주를 받아 '가시덤불과 엉겅퀴'를 낼 것입니다. 창조 때에는 없던 것들이 생겨나기 시작했다는 뜻입니다. 가시덤불과 엉겅퀴는 분명 돌연변이입니다. 풍요로웠던 땅이 황폐해지고 폐허가 될 것입니다. 누구 때문에? 아담 때문에 말입니다.

왜 땅이 저주를 받아야 합니까? 하나님의 형상을 닮은 인간은 피조물을 대표하며 만물의 중심이 되기 때문입니다. 따라서 인간의 타락은 만물의 타락으로 연결되고 마찬가지로 인간이 회복하면 만물 또한 회복될 것입니다.

이때부터 세상은 완전히 달라졌습니다. 가시덤불과 엉겅퀴뿐 아니라 온갖 돌연변이들이 속출하기 시작했습니다. 전에 없던 것들이 생겨났고, 죽음과 함께 질병이 세상에 들어왔습니다. 지금 우리가 살고 있는 세상이 시작된 것입니다.

사람들은 흔히 말합니다. "그렇게 지어졌으니, 그렇게 타고났으니 어쩔 수 없다"고 말입니다. 그렇지 않습니다. 지어진 대로 태어난 것이 아니라 죄 가운데 태어난 것입니다.

하나님은 아담에게 자신의 근원이 되는 땅을 갈며 살라(창 3:23) 하셨는데, 이전에 이미 에덴동산을 경작(창 2:15)하게 하신 바가 있지 않습니까? 창조 때의 경작과 타락 이후의 경작이 어떻게 다를까요? 타락 이전에는 모든 것이 하나님의 법칙에 따라 잘 운행되었기 때문에 늘 최상의 상태였습니다. 정한 시기에 풍성한 열매가 맺혔고 어려움 없이 채취할 수 있었습니다. 그런데 타락 이후에는 아무리 노력해도 열매가 맺히지 않게 되었습니다. 노동한 만큼의 가치를 되돌려 받지 못하는 세상이 열린 것입니다. 죽도록 수고해야 먹고살 수 있는 세상이 되었습니다.

수고로움이 거듭되는 삶의 끝에는 무엇이 기다리고 있습니까? 죽음입니다. 하나님은 아담에게 "너는 흙이니 흙으로 돌아갈 것"(창 3:19)이라고 말씀하셨습니다. 하나님을 떠난 인간이 얼마나 무가치한가를 보여줍니다. 고작 티끌에 불과하던 존재가 하나님을 거역하다니 말입니다. 얼마나 우습습니까?

공평하신 하나님은 모든 인간에게 똑같이 죽음의 운명을 주셨습니다. 예수 그리스도를 믿어도 죽음만은 피할 수 없습니다. 이유는 간단합니다. 하나님의 영역인 천국에는 죄가 없기 때문입니다. 어떤 죄도 천국으로 들어갈 수 없습니다. 예수님을 믿는 자라도 땅에서 비롯된 것을 다 끊어 버린 다음에야 천국에 들어갈 수 있습니다. 이 땅의 모든 것을 끝내는 것이 바로 죽음입니다.

하나님은 에덴동산에서 아담과 하와를 내쫓고 생명나무를 지키셨습니다. 죄 문제를 해결하지 못한 상태에서 영생하면 안 되기 때문입니다. 죄는 끊어야 하기 때문입니다.

Chapter 4
네가 내 마음을 아느냐

인간을 향한 하나님의 사랑은 강력했습니다. 하나님의 형상을 닮은 인간이기에 사랑하기를 포기하지 않으셨고 이미 구원을 예정하셨습니다.

> "내가 너로 여자와 원수가 되게 하고 네 후손도 여자의 후손과 원수
> 가 되게 하리니 여자의 후손은 네 머리를 상하게 할 것이요 너는 그
> 의 발꿈치를 상하게 할 것이니라 하시고"(창 3:15).

아담과 하와에게 내려진 형벌은 인간이 자신의 한계를 알고 하나님을 알아 갈 수 있도록 하는 의미가 담겨 있습니다. 돌아오라는 것입니다.

자식이 잘못했을 때 때리는 게 과연 죽으라고 때리는 것입니까? 아닙

니다. 돌이키라고 때립니다. 따라서 형벌은 저주가 아닙니다. 오히려 하나님께로 돌아올 수 있도록 길을 여신 것입니다.

형벌보다
복음이 먼저다

성경에서 예수 그리스도가 오실 것을 예고한 첫 번째 복음이 바로 창세기 3장 15절입니다. 이것을 원시복음(原始福音)이라고 합니다.

여자의 후손이 누구의 머리를 상하게 합니까? 뱀의 후손이 아니라 뱀입니다. 이것은 단순히 대대로 족보를 따라 내려가며 여자의 후손과 뱀의 후손이 싸움을 벌이는 게 아니라 타락의 시작이 된 뱀의 머리를 밟으리라는 뜻입니다.

아담과 하와에게 형벌을 내리기도 전에 이미 구원을 말씀하셨습니다. 하나님이 인간을 얼마나 사랑하시는 줄 아시겠습니까? 하나님의 형상을 닮은 인간이 타락한 그때, 하나님의 완전한 세상에 금이 간 바로 그 순간에 이미 회복을 작정하셨습니다. 비록 사탄의 꾀에 넘어갔지만 그럼에도 불구하고 인간을 포기하지 않으셨다는 것입니다.

모든 것이 끝났다고 낙심하는 아담에게, 간교한 꾐이 성공했다고 환호하는 사탄에게 주님이 선포하셨습니다.

"여자의 후손이 뱀의 머리를 밟으리라!"

이 구절은 수천 년 동안 수수께끼였습니다. '여자의 후손이 누구인가? 도대체 언제 나타나는가?' 이것은 사탄도 풀지 못할 만큼 강력한 수수께끼였습니다. '여자의 후손'에 대해 간간이 말씀하셨지만 예수님이 오시기 전까지는 모든 것이 신비에 싸여 있었습니다.

아브라함이 자손을 얻지 못해 불안해할 때 하나님은 그에게 하늘의 뭇별을 보여 주며 말씀하셨습니다.

> "여호와의 말씀이 그에게 임하여 이르시되 그 사람이 네 상속자가 아니라 네 몸에서 날 자가 네 상속자가 되리라 하시고 그를 이끌고 밖으로 나가 이르시되 하늘을 우러러 뭇별을 셀 수 있나 보라 또 그에게 이르시되 네 자손이 이와 같으리라"(창 15:4-5).

그의 자손이 '뭇별'처럼 셀 수 없이 많으리라고 약속하셨습니다. 그런데 여기서 눈여겨봐야 할 부분이 있습니다. 바로 '네 자손'입니다. 뭇별이 복수인 반면에 '네 자손'은 단수로 쓰였습니다. 어법상 복수의 형태를 취해야 하는데도 단수를 쓴 데는 분명한 의도가 있습니다.

그렇습니다. 예수 그리스도, 한 분을 가리킨 것입니다. 바울이 이것을 정확히 짚어 냈습니다.

> "이 약속들은 아브라함과 그 자손에게 말씀하신 것인데 여럿을 가리켜 그 자손들이라 하지 아니하시고 오직 한 사람을 가리켜 네 자

손이라 하셨으니 곧 그리스도라"(갈 3:16).

아브라함은 뭇별을 보고 장차 오실 한 분을 믿었습니다. 예수 그리스도를 보지 않고도 믿은 것입니다. 복음을 희미하게밖에는 알지 못했지만 믿었습니다. 하나님은 그러한 아브라함의 믿음을 의로 여기셨습니다.

예수님이 다시 오실 것을 믿습니까? 언제 어떻게 오시는지는 아무도 모릅니다. 그때가 오면 정확하게 알게 될 테지만 지금은 희미하게 알 뿐입니다. 우리처럼 아브라함도 그러했습니다. 아브라함은 예수 그리스도의 오심을 믿고 기대했습니다. 우리가 그리스도의 재림을 믿고 기대하며 살듯이 말입니다.

하나님 아버지의
마음

하나님은 아담과 하와를 버리지 않으셨습니다. 인생에 수고로움과 고통을 주셨지만 결코 파괴적인 고통은 아니었습니다. 죽이려고 주신 게 아니기 때문입니다.

"또 여자에게 이르시되 내가 네게 임신하는 고통을 크게 더하리니 네가 수고하고 자식을 낳을 것이며 너는 남편을 원하고 남편은 너를 다스릴 것이니라 하시고"(창 3:16).

여기서 "고통"이란 '슬퍼하다. 근심하다'라는 뜻인데 '모양을 만들다'라는 뜻도 있습니다. 멋진 작품을 만들려면 쓸데없는 부분을 떼어 내거나 잘라 내야 하는데 그 과정이 고통스러울 수밖에 없습니다. 우리 인생의 고통은 단순한 고통이 아니라 새로이 만들어지기 위한 고통인 것입니다.

'임신의 고통'을 해산의 고통으로 오해하는 경우가 많습니다. 정확한 표현으로 보자면 임신의 고통과 '해산의 수고'입니다. 이것은 앞으로의 인류가 생명을 가지면서부터 얼마나 힘든 삶을 살게 될지를 알려 주는 표현입니다. 임신의 고통을 크게 더한다는 것은 고통이 크게 증가(increase)했다는 뜻입니다. 이전에는 아이를 낳아도 힘들지 않았는데 죄 때문에 고통이 크게 증가한 것입니다. 이것은 이전에도 임신이라는 과정이 있었음을 의미합니다. 타락한 이후에 비로소 임신과 출산을 한 게 아니라는 뜻입니다.

하나님의 판결이 끝나자 아담은 아내에게 이름을 지어 주었습니다. 죄로 인해 남자와 여자의 연합이 깨어지고 분리되었기 때문입니다. 본질적으로 하나였던 아담과 아내가 분리되어 각각 하나의 개체가 되었기 때문에 이름이 필요해진 것입니다.

여자에게 어떤 이름이 어울릴까요? '재수덩이' 아니면 '바보 천치', 그것도 아니면 '유혹'은 어떻습니까? 그래야 아내를 볼 때마다 "유혹아, 이게 다 너 때문이야!" 하고 화풀이할 수 있지 않을까요?

그런데 무어라 불렀느냐면 하와, 즉 '모든 산 자의 어미'라는 뜻으로 불렀습니다. 놀랍지 않습니까? '죽은 자의 어미'가 아니라 '산 자의 어미'라니요? 이제부터 모든 인간은 죽을 수밖에 없는 운명에 처했다는 것을 몰랐을까요? 아닙니다. 하나님과의 단절은 곧 죽음을 뜻함을 알고 있었습니다. 그런데도 '산 자의 어미'라고 불렀습니다.

왜냐하면 아담은 하나님이 인간을 버리지 않으시리라는 걸 알았기 때문입니다. 포기할 수 없는 사랑의 마음을 알아챘기 때문입니다. 하나님이 주신 형벌의 의미를 이해했던 것입니다. 하나님이 말씀하신 '여자의 후손'이 무슨 뜻인지 이해했습니다. 비록 앞으로는 저주 받은 땅을 갈며 고통 중에 살아가야 할 테지만, 인간을 결코 포기하지 않으시는 하나님이 '여자의 후손'을 통해 결국 생명을 회복시키시리라는 것을 알았습니다. 하나님이 주신 것은 '죽음'이 아니라 궁극적으로는 '생명'이라는 것을 간파한 것입니다. 그래서 '생명'을 선포할 수 있었습니다. 정말 기가 막힌 고백입니다.

내 눈이 타락을 볼 때
하나님은 구원을 보신다

나는 지금까지 사사기 설교를 한 적이 없습니다. 사사기를 설교하면 타락할 것만 같아서였습니다. 어떤 말씀에 집중하다 보면 꼭 그것을 삶 속에서 고백하도록 만드시곤 하기 때문에 조심스러웠습니다. 여호수아서를 설교하면 부흥을 경험하니 좋은데, 괜히 사사기를 설교했다가 다 말아먹기라도 하면 안 되지 않습니까?

게다가 본문을 한번 붙잡으면 2년 이상 설교하곤 하는데 내내 타락 이야기만 하다 보면 설교하는 나나 설교를 듣는 성도들이나 다 죽을 맛이될 게 빤했습니다. 아마도 숨이 막혀 죽을 지경이 될 것입니다. 이런 이유로 그동안 사사기를 설교하지 않았습니다.

그런데 최근에 교회에서 사사기 강해설교를 하고 있습니다. 생각이달라졌기 때문입니다. 사사기가 타락의 역사가 아니라는 것을 발견한것입니다.

이스라엘이 죄를 범하면 하나님이 징계하시고, 징계 받은 이스라엘이회개하면 하나님은 사사라는 구원자를 보내시는 것이 사사기에서 반복되는 패턴입니다. 그런데 문제는 단순히 반복되는 것이 아니라 나선형을 그리며 점점 더 깊이 타락한다는 사실입니다. 내 눈에는 타락의 참담함밖에 보이지 않았습니다. 그런데 하나님은 그렇지 않으셨습니다. 사사기를 통해 구원의 노래를 부르고 계셨던 것입니다.

광야를 헤매던 이스라엘이 40년 만에 약속의 땅 가나안에 들어갔습니다. 과연 이스라엘에게 그 땅에 하나님의 나라를 세울 만한 실력이 있었을까요? 없었습니다. 사사들은 하나같이 기드온처럼 찌질하거나 입다처럼 경솔했습니다.

그런데도 하나님은 구원 사역을 멈추지 않으셨습니다. '하나님이 구원을 어떻게 이루어 가시는가', 이것이 사사기의 주제입니다.

그러나 이스라엘은 "각기 자기의 소견에 옳은 대로"(삿 21:25) 행했습니다. 어디서 많이 본 장면 같지 않습니까? 이스라엘은 옳고 그름을 스스로 판단하고 싶어 했습니다. 아담과 하와가 선악과를 탐내던 마음과 다를 바가 없습니다. 죄의 시작점이 같다는 뜻입니다.

사사 시대 같은 요즘 세상을 보면서 자식을 낳은 걸 후회한 적도 있습니다. 자녀들이 살아갈 세상이 지금보다 훨씬 더 끔찍해질 텐데 어떻게 마음이 아프지 않을 수가 있겠습니까? '이왕 태어난 거 너희들끼리 행복하게 살다가 천국 가려무나' 하는 마음이 간절했습니다.

그런데 최근에 사사기를 다시 읽으면서 새삼 깨달았습니다.

'그럼에도 불구하고… 하나님이 일하시는구나. 하나님의 사람들이 구원을 이어 가는구나. 믿음의 사람들을 통해 하나님이 친히 일하시는구나.'

이것을 깨달은 뒤부터 기도가 달라졌습니다. 두려워하며 걱정하기보다는 다음 세대를 위해 간절히 기도하는 것입니다. 그들을 통해 일해 달라고요. 구원을 이루어 주시라고요.

포기하지 않으시는 하나님

하나님이 지으신 세계에는 목적이 있고 질서가 있습니다. 그냥 마구 지은 게 아니라는 뜻입니다. 다양하면서도 조화를 이룹니다. 하나님이 정하신 때를 따라 운행합니다.

그런데 사람이 많은 곳에는 늘 잡음도 많은 법입니다. 교회 공동체를 보십시오. 항상 시끄럽습니다. 서로 안 맞는 사람들 때문에 짜증이 납니다. 제때 안 모이면 뒤집어엎어 버리고 싶지 않습니까? 조화롭게 지어진 세상에서 왜 이런 일이 벌어질까요? 그것도 교회 공동체에서 말입니다.

죄 때문입니다. 원래의 조화로움이 깨어졌기 때문입니다. 성가대 모임이 항상 즐겁습니까? 선교팀 모임이 언제나 즐겁던가 말입니다.

그럼에도 불구하고 우리는 교회에서 다양한 사람들을 만나고 그들과 동역하는 훈련을 받습니다. 다양한 사람들을 통해 일하시는 하나님의 주권을 배워 가는 곳이 바로 교회입니다. 하나님이 포기하지 않으셨기 때문에 오늘날 서로 부딪치며 은혜를 경험하는 것입니다.

하나님은 아담과 하와의 부끄러움을 가죽옷으로 덮어 주셨습니다. 예수님은 우리의 수치를 보혈의 피로 덮어 주셨습니다. 그렇습니다. 은혜는 덮는 것입니다. 노아의 벌거벗음을 조용히 덮어 주었던 셈과 야벳이 은혜를 받은 이유도 여기에 있습니다.

그렇게 해서라도 하나님이 이루고자 하시는 게 무엇입니까? 새 하늘과 새 땅입니다. 하나님께서는 에잇, 하고 싹 쓸어버린 다음에 새로 만드실 수도 있을 텐데 굳이 이렇게 하지 않으시고 은혜로 덮으면서 만들어 가십니다. 하나님이 지으신 세상이 얼마나 아름다웠으면 그러실까요? 얼마나 아름다우면….

Chapter 5
에덴 밖에서
네가 찾은 것이 무엇이냐

"여호와께서 가인에게 이르시되 네 아우 아벨이 어디 있느냐 그가 이르되 내가 알지 못하나이다 내가 내 아우를 지키는 자니이까 이르시되 네가 무엇을 하였느냐 네 아우의 핏소리가 땅에서부터 내게 호소하느니라"(창 4:9-10).

창세기 4장에는 유명한 가인과 아벨의 이야기가 등장합니다. 우리는 보통 가인이 아담과 하와의 첫아들이라고 알고 있지만 실제로는 그렇지 않습니다. 타락 이후에 태어난 첫 번째 아들일 뿐입니다.

창세기 4장에서 가장 중요한 것은 아담과 하와가 죄를 지은 다음 태어난 인류의 모습이 어떻게 바뀌었냐는 것입니다. 가인과 아벨은 죄가 유전된 사람의 삶의 모습을 보여주고 있습니다. 가인은 죄인으로 태어나 죄에게 끌려 가는 인간의 대표성이고 아벨 역시 하나님이 받으시는 예배를 드렸지만 결국 죽을 수밖에 없는 인류의 운명을 말해 주고 있습니다.

아담과 하와가 타락했는데도 불구하고 "생육하여 번성하라"는 축복을 거두어 가지 않으셨다는 사실은 매우 중요합니다. 덕분에 하와는 "내가 여호와로 말미암아 득남하였다"(창 4:1)고 고백할 수 있었습니다. 아담과 하와는 생명이 주께 있음을 분명히 알았습니다.

그러나 하나님의 은혜로 태어난 가인은 인간의 죄 또한 안고 태어났습니다. 타락 이후에 태어난 세대들에게 죄가 유전되면서 대를 이을수록 죄는 점점 더 깊어졌고, 그 결과는 참담했습니다.

무엇이
예배인가

가인에 이어 아벨이 태어났습니다. 아벨이라는 이름의 뜻이 기가 막힙니다. '공허와 허무'입니다. 형은 하나님으로 말미암아 얻은 아들답게 '얻음'이란 뜻의 가인으로 불렸는데 동생은 공허하고 허무하다니요?

아벨은 이 땅에 살고 있는 사람들의 모습을 대표합니다. 진정한 만족을 누리고 싶다면 이 땅에서 천국만을 소망하면서 살아야 합니다. 죽어서 천국에 가야 진정한 만족이 있을 테니까 말입니다. 이 땅에서의 삶은 공허할 수밖에 없습니다.

가인은 하나님에게 순종하지 않는 자였습니다. 죄를 안고 태어난 세대, 죄로 물든 인류를 대표합니다. 그에 반해 아벨은 하나님 앞에서 의롭게 살고자 노력한 자였습니다. 아벨은 가인과 다른 인류를 대표합니다. 아담과 하와에게서 두 인류가 갈라져 나오기 시작한 것입니다.

한배에서 너무나 다른 두 인류가 태어나 같이 자랐습니다. 아벨은 양치는 자로, 가인은 농사짓는 자로 자라서 세월이 지난 후에 각자의 생업을 가지고 예배를 준비했습니다. 가인은 땅의 소산을 재물 삼아 여호와께 드렸고 아벨은 자기 양의 첫 새끼와 그 기름을 드렸습니다.

> "세월이 지난 후에 가인은 땅의 소산으로 제물을 삼아 여호와께 드렸고 아벨은 자기도 양의 첫 새끼와 그 기름으로 드렸더니 여호와께서 아벨과 그의 제물은 받으셨으나 가인과 그의 제물은 받지 아니하신지라 가인이 몹시 분하여 안색이 변하니"(창 4:3-5).

그런데 문제가 생겼습니다. 하나님이 아벨의 예배는 받고 가인의 예배는 받지 않으신 것입니다. 가인이 분노하며 문제 제기를 했습니다.

"왜 아벨의 것은 받으면서 내 것은 받지 않으십니까?"

예배를 드린다고 다 드리는 게 아니라는 것을 알아야 합니다. 내가 아는 사람 중에 결혼을 일곱 번도 넘게 해 본 사람이 있습니다. 놀랍습니까? 놀랄 것 없습니다. 직업이 배우라 드라마에서 결혼식 장면을 여러

번 찍어 봤을 뿐이니까 말입니다. 이 남자, 저 남자 돌아가면서 결혼했으니 문란하다고 욕하겠습니까? 웨딩드레스를 입고 결혼식에 참석했다고 해서 다 결혼입니까? 아닙니다. 인생을 함께해야 결혼인 것입니다.

예배에는 의식(儀式)으로서의 예배와 진정으로 드리는 예배, 두 가지가 있습니다. 예배 시간에 참여한다고 다 예배를 드리는 것입니까? 아닙니다. 예배를 받으시는 하나님과 관계를 맺어야 예배입니다. 헌금을 드린다고 다 예배가 아닙니다.

둘 중에 하나, 무엇이 문제인가

하나님은 가인의 제물을 받지 않으셨습니다. 왜 받지 않으셨습니까?

혹자는 아벨이 양의 첫 새끼를 드렸는데 비해 가인은 첫 소산을 드렸다는 얘기가 따로 없는 것으로 보아 정성이 부족했기 때문이라고 말합니다. 그러나 그렇지 않습니다. 제물의 문제로 해석해서는 안 됩니다. 만약에 제물에 문제가 있었다면 하나님이 문제점을 하나하나 얘기해 주셨을 것입니다. 그런데 아무 말씀도 없으셨습니다. 그렇다면 제물 문제가 아니라는 뜻입니다.

성경을 해석하는 제1 원칙은 하나님이 직접 하시는 설명에 귀를 기울이는 것입니다. 어떤 일이 벌어졌을 때 그것에 대해 하나님의 말씀을 최

우선적으로 들어야 합니다.

그런데 하나님이 말씀하시자 희한하게도 가인은 다 알아들었습니다.

> "여호와께서 가인에게 이르시되 네가 분하여 함은 어찌 됨이며 안
> 색이 변함은 어찌 됨이냐 네가 선을 행하면 어찌 낯을 들지 못하겠
> 느냐 선을 행하지 아니하면 죄가 문에 엎드려 있느니라 죄가 너를
> 원하나 너는 죄를 다스릴지니라"(창 4:6-7).

가인이 알아들은 것만 봐도 제물 문제가 아니었음을 알 수 있습니다. 여호와 하나님이 가인에게 정색하며 물으셨습니다.

"왜 얼굴을 찌푸리니? 네가 화낼 문제가 아니지 않니? 네가 선을 행했다면 왜 내가 안 받아 줬겠니?"

'당당하고 존귀'해야 '낯을 들' 수 있습니다. 그런데 가인은 낯을 들지 못할 만큼 그의 삶에 문제가 있었다는 뜻입니다.

나중에 사울에게도 비슷한 말씀을 하셨습니다. 사무엘이 아말렉과 그의 소유를 진멸하라는 여호와의 말씀을 전해 주었지만 사울은 아말렉의 왕 아각과 짐승들 중에 가장 좋은 것들을 남겨 두었습니다. 사무엘이 추궁하자 사울은 당당하게 "하나님 여호와께 제사하려 하여 양들과 소들 중에서 가장 좋은 것을 남김이요"(삼상 15:15)라고 변명했습니다.

그때 사무엘이 말했습니다.

"사무엘이 이르되 여호와께서 번제와 다른 제사를 그의 목소리를 청종하는 것을 좋아하심 같이 좋아하시겠나이까 순종이 제사보다 낫고 듣는 것이 숫양의 기름보다 나으니"(삼상 15:22).

제물이 아니라 삶을 드려야 좋은 제사라는 뜻입니다. 하나님의 말씀을 청종하고 하나님의 뜻대로 살아가는 것이 올바른 제사입니다.

'아벨과 그의 제물', '가인과 그의 제물'처럼 제물을 드리는 사람과 제물은 한데 묶여 있습니다. 삶과 제물이 하나라는 뜻입니다. 하나님은 아벨의 삶과 제물을 받으셨지만 가인의 삶과 제물은 받지 않으셨습니다. 가인의 삶을 받으실 수가 없었습니다. 그가 선을 행하지 않았기 때문입니다.

윤리나 도덕이 아닌 중심의 문제

선을 행한다는 건 무슨 뜻입니까? 기독교에서의 선은 윤리 도덕의 문제가 아니라 방향성의 문제입니다. 있어야 할 자리에 있고, 가야 할 길을 가는 것입니다. 마땅히 있어야 할 자리에 있지 않고, 마땅히 가야 할 길을 가지 않는 것이 악입니다. 중간지대란 없습니다. 선을 행하거나 행하지 않거나 둘 중의 하나입니다. 아주 간단합니다. 적극적으로 악을 행해야만 악한 것이 아니라 선을 행하지 않는 것도 곧 악입니다. 선을 행하지 않으면, 선을 행하겠다는 뜻이 없으면 죄가 문에 엎드립니다. 결국 죄를 짓게 됩니다.

이것은 윤리나 도덕의 문제가 아닙니다. 그리스도 중심으로 사는가 안 사는가의 문제입니다. 예수 그리스도가 원하시는 삶을 살면 선한 것이고, 원하시지 않는 삶을 살면 악한 것이라는 뜻입니다.

인간의 원리가 중심을 지배하는 것을 인본주의라고 합니다. 민수기 13장에 보면 12명의 정탐꾼의 보고가 있습니다. 그런데 10명의 정탐꾼과 여호수아와 갈렙의 보고가 다르게 나타납니다. 같은 곳을 보고, 같은 사람들을 정탐하고 왔는데 어떻게 이렇게 다른 보고를 할 수 있단 말입니까? 바로 중심의 원리가 달랐기 때문입니다. 똑같은 것을 보았지만 인간 중심에서 해석하느냐 아니면 하나님 중심에서 해석하느냐에 따라 달라집니다.

10명의 정탐꾼의 보고에서 틀린 말은 하나도 없습니다. 가나안 땅은 실제로 기름진 땅이었고 그 땅의 족속들은 강했습니다. 하나님 중심으로 본다고 해서 달라질 것은 없습니다. 여호수아와 갈렙도 그 땅의 족속들이 강대하다는 것을 알았습니다. 그러나 하나님이 기뻐하시면 전혀 다른 결과를 가져올 수 있다는 것을 알기에 다른 보고를 하게 된 것입니다. 세상을 보는 판단력을 잃어서가 아니란 뜻입니다.

상황은 똑같아도 무엇을 중심으로 보느냐에 따라 확연히 달라집니다. 중심에 땅의 것이 있으면 불평이 나오고, 하나님나라가 있으면 충성이 나옵니다. 그러니 하나님 앞에서 변명하지 마십시오.

"하나님, 제가 얼마나 힘든지 아십니까? 제 상황을 아시냐고요?"

아십니다. 하나님께 보채기 전에 먼저 당신의 중심이 어디에 있는지부터 점검하십시오. 중심을 어디에 두느냐, 이것은 끝없는 신앙의 씨름입니다. 죄인인 인간은 중심을 자기 쪽으로 끌어당기는 속성을 가졌습니다. 중심에 하나님을 모시지 않으면 어떻게 됩니까? 당연히 죄로 기울 수밖에 없습니다.

가인은 자기중심으로 살았습니다. 죄가 하나님을 거스르고 제멋대로 살아가도록 부추겼는데, 죄를 다스리지 못하고 죄에 휘둘려 살았다, 이것이 가인의 삶입니다.

그래 놓고 하나님 앞에 제사를 올리면 뭐합니까? 삶의 방향이 하나님을 향해 있지 않고 하나님이 원하시는 대로 살지도 않는데, 하나님의 말씀을 청종하거나 하나님과 관계 맺으려고 하지도 않는데 하나님이 그의 제사를 받으셔야 할 이유가 어디에 있단 말입니까?

아벨의
핏소리

아담과 하와의 타락이 가져온 결과는 참혹했습니다. 전에 없던 새로운 세대가 나타난 것입니다. 개판으로 살면서도 하나님 앞에 나와 제사를 드릴 정도로 뻔뻔했으며 얼굴을 붉히며 대들기까지 하는 세대가 등장한 것입니다. 적어도 아담과 하와는 죄를 부끄러워하며 숨기라도 했는데 새로운 세대는 매사에 당당하기만 합니다. 하나님을 두려워하지 않고 오히려 죄로 치우치는 세대, 회개하기는커녕 대항하고 분풀이하는 세대가 태어났습니다.

타락 이후부터 인류는 죄의 속성을 타고나기 시작했습니다. 급기야 인류 최초의 살인자까지 등장했습니다. 악으로 치닫는 세상, 바로 지금 우리가 사는 세상이 시작된 것입니다.

> "가인이 그의 아우 아벨에게 말하고 그들이 들에 있을 때에 가인이 그의 아우 아벨을 쳐죽이니라"(창 4:8).

여기서 '말하다'에는 '지시하다, 명하다'라는 뜻과 함께 '간구하다, 청하다'라는 뜻이 있습니다. 즉 "아우야, 나랑 같이 들로 나가자" 하고 말한 것입니다. 대부분 가인이 들에서 동생 아벨과 있다가 어쩌다 욱해서 죽인 것으로 오해합니다만, 정확히 말하자면 가인이 들로 나가자고 아벨을 꾀어 내어 죽인 것입니다. 원하는 바를 꼭 이루기 위해서 부탁하다가 윽박지르고 윽박지르다가도 애원했던 것입니다. 가인은 분명한 의도를 가지고 있었습니다. 어쩌다 보니 살인을 하게 된 게 아니란 뜻입니다. 계획적인 범행이었습니다. 섬뜩합니다. 죄를 다스리기는커녕 오히려 앞서서 계획하고 그 계획을 결국 실행에 옮겼던 것입니다.

"여호와께서 가인에게 이르시되 네 아우 아벨이 어디 있느냐 그가 이르되 내가 알지 못하나이다 내가 내 아우를 지키는 자니이까"(창 4:9).

이전에 아담에게 물으셨던 것처럼 하나님은 가인에게 "네 동생 아벨이 어디 있느냐" 하고 물으셨습니다. 또다시 재판이 시작된 것입니다. 아담은 적어도 자신의 부끄러움을 고백하기라도 했는데, 가인을 보십시오. "내가 내 아우를 지키는 자입니까?" 하고 되레 대들고 나섰습니다.

"이르시되 네가 무엇을 하였느냐 네 아우의 핏소리가 땅에서부터 내게 호소하느니라 땅이 그 입을 벌려 네 손에서부터 네 아우의 피를 받았은즉 네가 땅에서 저주를 받으리니 네가 밭을 갈아도 땅이 다시는 그 효력을 네게 주지 아니할 것이요 너는 땅에서 피하며 유리하는 자가 되리라"(창 4:10-12).

아벨의 피가 땅에서부터 대성통곡하며 부르짖었습니다. 가인은 죄를 물려받아 태어나서 그렇다고 치고 아벨은 무슨 죄가 있습니까? 죄된 세상에 태어나서 하나님이 기뻐하시는 제사를 드린 죄밖에 없습니다. 누가 봐도 시험에 들 만한 상황이 아닙니까? 하나님은 왜 예배를 잘 드린 자를 지켜 주지 않으셨을까요? 억울합니다. 게다가 아벨은 자기가 무엇 때문에 죽어야 하는지도 모른 채 죽었습니다. 완전한 개죽음입니다. 형을 따라 들판에 나갔을 뿐인데 느닷없이 맞아 죽은 것입니다. 천국에 다다라서야 자기가 왜 죽었는지 하나님께 물었을 것입니다. 이런 경우가 어디에 있습니까? 아벨은 억울합니다!

그렇습니다. 허무합니다. 아벨은 자신의 이름처럼 공허하고 허무한 인생을 살다가 죽었습니다. 아벨은 의인(義人)이었습니다.

의인은 성품이 아니라 관계에 의해 결정됩니다. 하나님과의 관계가 곧고 바른 사람이 바로 의인입니다. 죄가 무성한 세상에서는 의인이 대접을 받지 못합니다. 오히려 푸대접을 받습니다. 의인의 삶은 공허하고 허무합니다. 선을 행해도 돌아오는 것이 없습니다. 선하면 오히려 홀대를 받거나 악에게 치받히기 일쑤입니다.

우리도 역시 아벨과 같이 죄가 관영하는 시대를 살아갑니다. 하나님께 열심히 예배하고 신앙생활했는데도 돌아오는 것은 어려움뿐입니다. 세상에서 빛과 소금의 역할을 감당하려고 애쓰면서 사는데 돌아오는 것은 오해와 핍박밖에 없을 때가 있습니다. 나도 청년 때 신앙을 지키려고 애쓰며 사는데도 돌아오는 것이 오해와 핍박일 때에는 하나님에 대한 의심도 품었습니다. 그런데 그것이 하나님 때문이 아니라 죄 때문이라고 아벨을 통해서 말씀하고 계십니다. 죄악이 관영하는 세상은 의로움이나 선함과는 거리가 멉니다. 그래서 아벨은 이 땅에서 공허하고 허무한 인생의 대표자입니다.

악에 꺾이는 세상, 의인이 오해 받고 괴롭힘 당하고 왕따가 되는 세상입니다. 선을 싫어하는 세상입니다. 선을 행하기 싫어할 뿐 아니라 남이 선한 것도 보기 싫어하는 세상입니다. 올바르게 살아도 열매 없는 삶을 살 수 있습니다. 이 땅에서의 삶은 공허하고 허무한 것입니다. 아무리 돈을 많이 벌어도, 유명 스타가 돼도 마찬가지입니다. 잠시 기쁠 수 있을지 언정 본질적으로는 만족이 없습니다.

비록 아벨이 의를 행하는 의인이라 할지라도 죽음만은 피할 수 없었습니다. 그도 가인과 같은 타락 이후의 세대이기 때문입니다. 죽음은 결코 피할 수 없는 죄의 결과입니다. 아벨의 죽음은 의인이나 악인이나 죽음을 피할 수 없으며 허무한 인생을 살 것임을 나타냅니다. 피조 세계가 완전히 회복되기 전까지는 그럴 것입니다.

그러나 아벨의 삶이 이 땅에서는 공허했을지 몰라도 하나님 앞에서는 결코 공허하지 않았습니다. 그의 피가 울부짖는 소리를 하나님이 들으셨습니다. 땅에서는 공허하고 허무하게 살다가 죽었을지 모르지만 천국에서는 첫 번째 의인으로 해같이 빛나고 있습니다. 이것이 영광입니다. 하나님이 갚으십니다. 그것도 넉넉하게 갚으십니다. 아벨의 핏소리를 들으셨듯이, 이스라엘의 울부짖음을 들으셨듯이, 우리의 신음소리도 듣고 갚아 주십니다.

땅이
저주하리라

아벨의 피가 땅에 떨어졌습니다. 아담의 죄 때문에 땅이 저주 받아 가시와 엉겅퀴 같은 돌연변이를 내더니 이제는 피로 물들어 더욱 오염되었습니다. 피는 생명을 상징합니다. 땅에 떨어진 핏방울들이 울부짖을수록 땅은 더욱더 큰 고통에 빠져들었습니다. 더욱 피폐해지기 시작한 것입니다.

> "땅이 그 입을 벌려 네 손에서부터 네 아우의 피를 받았은즉 네가 땅에서 저주를 받으리니 네가 밭을 갈아도 땅이 다시는 그 효력을 네게 주지 아니할 것이요 너는 땅에서 피하며 유리하는 자가 되리라"(창 4:11-12).

가인이 받은 벌이 매우 흥미롭습니다. '땅에서 저주를 받을 것'입니다. 하나님은 가인을 저주하지 않으셨습니다. 땅이 가인을 저주했습니다.

'저주'가 무엇입니까? '포기하다'는 뜻입니다. 피가 땅을 오염시키자 피조 세계의 쓴 뿌리는 더욱 깊어졌습니다. 결국 인간을 공격하기에 이르렀습니다. 피조물들이 인간을 포기하기 시작한 것입니다. 원어로 해석해 보면, 여기서 저주는 '증오심을 갖고 적극적으로 해치는 것'을 뜻합니다. 그냥 포기한 게 아니라 증오심을 갖고 인간을 공격하기 시작했다는 것입니다. 죄의 파괴력은 이토록 무섭습니다. 가인의 죄로 인해 인간의 죄가 가중되었습니다.

인간은 피조 세계를 다스리고 가꾸어야 할 책임이 있습니다. 그런데 그 책임을 다하지 않으니 피조 세계에 쓴 뿌리가 깊어지고 아픔이 가중되어 거꾸로 인간에게 독기를 쏟아 내기에 이르렀습니다. 근래 일어나는 세계적인 기상 이변은 누구의 탓입니까? 인간이 만든 것입니다. 인간이 자연을 파괴하니까 자연도 인간을 공격하는 것입니다. 죄가 증식한 탓입니다.

이렇듯 인간의 타락은 모든 피조물을 아프게 하고 더 큰 타락으로 이끌어 갑니다. 거꾸로 인간의 회복은 곧 피조물의 회복을 뜻합니다. "피조물이 다 이제까지 함께 탄식하며 함께 고통을 겪고 있는"(롬 8:22) 이유가 인간에게 있습니다. 사실 자연은 오늘도 하나님을 향해서 울부짖고 있습니다. "주여 언제 오십니까?" 하고 말입니다.

가인은 땅으로부터 두 가지 저주를 받았습니다.

첫번째 저주는, 밭을 갈아도 소득이 없을 것이라는 사실입니다. 헛수고의 세상이 본격적으로 시작된 것입니다.

아담이 타락하기 전에는 힘들이지 않고 일한대로 열매를 풍성하게 거두었습니다. 선악과를 먹은 후에 아담은 땀 흘려 일해야만 먹을 수 있게 되었습니다. 그래도 땀을 흘리면 열매를 거두었습니다. 그러나 가인의 범죄로 죄가 가중되고 땅이 인간을 적극적으로 공격하게 되면서 땀을 흘려도 열매가 없는 시대가 온 것입니다.

노력의 결실을 얻지 못하는 헛수고의 시대가 열렸습니다. 고3 내내 밤새워 가며 공부했어도 대학에 떨어지고, 직장에서 열심히 일했는데도 잘리고, 농부가 밭을 열심히 갈아 놓았더니 태풍이 와서 단번에 쓸어 가는 것입니다.

그렇다고 해서 하나님을 원망하지 마십시오. 하나님이 그렇게 만드신 게 아닙니다.

"내가 아니라 죄가 그렇게 만들었다!"

열심히 일한 대가를 얻는 것에 감사하십시오. 자기 힘으로 일해서 버는 줄 아십니까? 아닙니다. 하나님의 은혜로 '받는 것'입니다. "땀 흘려 일해도 소산을 얻지 못할 제가 하나님의 은혜로 이만큼 거두었습니다" 하고 드리는 것이 십일조입니다. 결과를 취할 수 있는 것만 해도 은혜입니다. 왜냐면 벌써 이때부터 인간이 아무리 노력해도 땅이 소산을 내 주지 않으리라고 했기 때문입니다.

두 번째 저주는, 땅에서 방황하며 떠도는 인생이 될 것이라는 사실입니다. 불안정한 상태에서 계속 피하며 살아야 한다니 얼마나 슬프겠습니까? 죄를 짓고 떠나는 인간의 상태를 보여 주는 것입니다. 인간의 안정은 하나님 안에 있는데 하나님을 떠난 자가 어디에서 안정을 찾겠습니까? 결론은 이 땅에서 슬피 떠돌며 방황하며 살게 될 것입니다.

세상 사람들을 보십시오. 뭔가를 계속 찾습니다. 불안정하기 때문입니다. 심지어 외계인과 UFO를 찾기도 하고 산에 가서 굿판을 벌이기도 합니다. 뭔가 안정을 찾고 싶은 욕망 때문에 그렇습니다. 극단적인 자극을 찾아 나서기도 합니다. 왜 미친 사람처럼 뛰어다닐까 하는 생각이 들

정도로 분주하게 움직입니다. 시속 200킬로미터 이상을 달려야 만족하는 사람도 있습니다. 왜 그렇습니까? 안정감을 찾아 모험을 계속하는 것입니다. 뭔가 느끼고 싶은 것입니다.

한배에서 난
두 인류

가인은 당돌하게도 자신의 죄벌이 너무 무겁다고 하나님께 항소했습니다. 친동생을 죽이고서도 그런 소리가 나옵니다. 죄인은 그렇습니다. 항상 자신의 것만 생각합니다. 오로지 자기 힘든 것만 생각합니다.

> "주께서 오늘 이 지면에서 나를 쫓아내시온즉 내가 주의 낯을 뵈옵지 못하리니 내가 땅에서 피하며 유리하는 자가 될지라 무릇 나를 만나는 자마다 나를 죽이겠나이다"(창 4:14).

여기서 '쫓아내다'는 '이혼하듯 인연을 끊는 것'을 말합니다. 이로써 가인은 하나님을 떠나 자신만의 족보를 이루게 되었습니다. 가인은 자신이 앞으로 하나님의 얼굴을 보지 못하리라는 것을 알았습니다. 히브리어를 직역하면 '하나님의 얼굴로부터 숨겨진다'는 뜻입니다. 두려운 일입니다.

가인에게 내려진 벌을 생각해 보십시오. 하나님께서 불꽃같은 눈동자로 보신다는 게 얼마나 감사한 일인지 아시겠습니까? 하나님이 관심을 가져 주시는 것이 은혜입니다.

땅에서 유리하는 자가 된 가인은 누가 자기를 죽일까 봐 내내 두려움에 떨면서 살아야 했습니다. 하나님은 그의 두려움에 그렇지 않다고 답하셨습니다. 오히려 가인을 죽이는 자가 7배의 벌을 받게 될 것이라고 하셨습니다. 7은 완전수입니다. 즉 반드시 이루리라는 것입니다. 가인을 죽이는 자는 반드시 벌을 주시겠다는 다짐입니다.

하나님은 가인에게 죽음을 면할 수 있는 표를 주셨습니다. 어떤 '기호'를 주신 것입니다. 누구든지 가인을 알아볼 수 있는 표입니다. 그래야 가인을 죽이지 않을 테니까요. 그렇다고 이마에 새기거나 하지는 않았던 것으로 보입니다. 하나님의 초자연적인 역사로 가인을 보호하셨습니다.

왜 그토록 가인을 보호하셨을까요? 피의 복수를 원치 않으셨기 때문입니다. 가인으로 말미암아 땅이 더욱 저주 받았지만 그것이 다시 가인에게 피의 복수로 돌아가는 것은 원치 않으셨습니다. 대신 땅을 떠도는 인생이 되도록 하셨습니다.

아벨이 죽은 뒤에 또다시 아들이 태어났습니다. 아담은 그의 이름을 셋이라고 지었습니다.

> "아담이 다시 자기 아내와 동침하매 그가 아들을 낳아 그의 이름을 셋이라 하였으니 이는 하나님이 내게 가인이 죽인 아벨 대신에 다

른 씨를 주셨다 함이며"(창 4:25).

놀라운 일이 벌어졌습니다. '다른 씨'에 주목하십시오. 하와는 아기를 낳는 순간 알았습니다. '가인과는 다른 씨'라는 것을 안 것입니다. 아벨의 뒤를 이을 씨입니다. 하와는 아이를 통해 하나님이 일하시는 역사 속을 들여다본 것입니다.

이렇게 해서 인류는 두 줄기로 나뉘게 되었습니다. 죄의 유전을 가지고 하나님을 떠난 삶을 사는 인류와 여전히 하나님 안에서 살고자 하는 인류가 각기 다른 씨로서 대를 이어 가게 되었습니다. 한배에서 서로 다른 인류가 태어나 자라게 되었습니다. 리브가의 뱃속에서 에서와 야곱이 자랐듯이 말입니다.

지금도 셋의 후예와 가인의 후예가 교차하며 역사가 흘러가고 있습니다. 오늘날의 그리스도인과 비그리스도인이 바로 그들입니다.

Chapter 6

가인아, 너의 방황을
역사라고 부르더구나

"가인이 여호와 앞을 떠나서 에덴 동쪽 놋 땅에 거주하더니 아내와
동침하매 그가 임신하여 에녹을 낳은지라 가인이 성을 쌓고 그의
아들의 이름으로 성을 이름하여 에녹이라 하니라"(창 4:16-17).

하나님과 인연이 끊긴 가인은 자신만의 족보를 이어 갑니다. 이로써
죄된 땅에서 두 인류가 공존하게 되었습니다. 여호와의 앞을 떠난 가인
은 에덴 동쪽으로 가서 놋 땅에 머물렀습니다. '동방'이란 주로 하나님의
앞을 떠나 자신의 소망을 찾아갈 때 쓰는 표현입니다. 후에 바벨탑도 '동
방'으로 옮겨 가다가 쌓았습니다.

인류 최초의 살인자, 가인은 최초로 성을 지어서 아들의 이름을 따라

'에녹_(창세기 5장의 에녹과 동명이인)'이라고 이름 붙였습니다. 성을 쌓는 것은 유리하는 자의 특징입니다. 떠돌이 인생에 대한 두려움으로 어떻게든 자신을 보호하고자 하기 때문입니다. 그래서 담을 높이 쌓아 보지만 그래도 여전히 불안합니다.

도시의 탄생

하나님 앞을 떠난 인류는 불안을 기초로 문명을 세웠습니다. 자기를 보호해 주는 것은 자신뿐이라고 믿었습니다. 그래서 늘 불안에 떨어야만 했습니다.

　자기가 쌓은 성에 자신의 이름을 붙이지도 못하는 가인을 보십시오. 가인의 성이라고 하면 혹시라도 누가 자신을 해칠까봐 성의 이름을 에녹으로 아들의 이름을 붙였습니다. 언제 누가 아벨의 살인자를 찾아서 죽일지 알 수 없기 때문에 두렵고 불안합니다. 하나님이 표를 주셨지만 불안은 가시질 않았습니다. 높은 성벽이 더 안전할 것이라고 믿는 것, 이것이 가인의 운명입니다.

　가인이 세운 성을 중심으로 도시가 시작되었습니다. 정착 문화가 탄생한 것입니다. '도시' 하면 어떤 이미지가 떠오릅니까? 회색 건물 사이를 분주히 오가는 사람들의 무표정한 얼굴이 떠오르지 않습니까? 이상하게도 세계 어느 도시나 그런 이미지가 있습니다. 아무리 아름다운 도시라 할지라도 인간이 만든 것은 완전한 평안함이 없습니다. 하나님이 만드신 자연에 나가면 비록 타락하여서 온전치 못함에도 평안함과 여유가 있습니다. 어쩌면 도시의 창시자가 가인이기 때문인지도 모릅니다.

이렇게 인간이 만든 문명에는 자신을 보호하고 자기의 이름을 날리고자 하는 영적 흐름이 있습니다. 바벨탑도 일종의 요새가 아니었습니까?

아무리 노력해도 소산을 얻지 못하는 헛수고의 세상, 하나님이 아닌 자기 자신을 중심에 놓는 이기적인 세상. 이것이 가인이 만든 세상입니다. 그러나 하나님은 이 한심한 세상을 위해 셋이라는 다른 씨를 준비하셨고 이로써 하나님 앞을 떠난 가인의 후예와 하나님의 이름을 가진 셋의 후예가 세상에 공존했습니다.

하나님을 떠난 인류의 문명은 하나님 대신에 힘의 논리가 지배했습니다. 걸핏하면 힘을 과시하고 힘으로 문제를 해결하려고 합니다. 이것이 우리가 사는 세상이자 문명입니다. 역사를 돌이켜 봐도 악을 극복한 시대는 찾아볼 수가 없습니다. 인류 문명은 끝없이 악으로만 치달았습니다. 의가 의로서 대접 받지 못하고, 선이 선으로서 인정받지 못하고 오히려 죽임을 당해 왔습니다. 하나님이 세우신 에덴동산과 달리 인간이 쌓은 성, 인간이 세운 도시는 이토록 험악하고 무섭습니다.

화려함밖에는
보여 줄 것이 없다

가인의 후예는 거침없이 세상을 악으로 물들여 갔고 하나님의 질서를 깨트려 갔습니다.

> "에녹이 이랏을 낳고 이랏은 므후야엘을 낳고 므후야엘은 므드사
> 엘을 낳고 므드사엘은 라멕을 낳았더라 라멕이 두 아내를 맞이하였
> 으니 하나의 이름은 아다요 하나의 이름은 씰라였더라"(창 4:18-19).

라멕(Lamech)의 뜻은 '강한 자, 젊은 자'입니다. '왕'이란 뜻의 '멜렉크 (Melech)'와 철자 배열만 다를 뿐 거의 일치할 정도로 비슷합니다. 라멕은 '진짜 힘 있는 자'였을 것입니다.

힘 있는 자, 라멕에게는 아내가 둘이나 있었습니다. 하나님이 맺어 주신 일부일처제를 최초로 깨뜨린 사람입니다. 이때부터 일부이처제가 생겨났습니다. 가정이 깨어진 것입니다.

하나님은 아담의 갈빗대 하나를 뽑아서 돕는 배필을 만드셨는데 가인의 후예는 남자의 갈빗대를 마구 뽑아 내기 시작했습니다. 그러니 어떻게 멀쩡할 수가 있겠습니까? 허전함을 채우기 위해 남의 갈빗대를 넘보고 급기야 누구의 갈빗대인지도 헷갈릴 정도로 혼란스러워졌습니다.

"아다는 야발을 낳았으니 그는 장막에 거주하며 가축을 치는 자의 조상이 되었고 그의 아우의 이름은 유발이니 그는 수금과 퉁소를 잡는 모든 자의 조상이 되었으며 씰라는 두발가인을 낳았으니 그는 구리와 쇠로 여러 가지 기구를 만드는 자요 두발가인의 누이는 나아마였더라"(창 4:20-22).

라멕의 아들들은 축산가의 조상, 음악가의 조상, 대장장이의 조상이 되었습니다. 딸 나아마는 '아름답다, 달다, 즐겁다'라는 뜻의 이름을 가졌는데, 성경에 여성의 이름이 거의 등장하지 않는 것으로 봐서 당대에 굉장히 유명한 인물이었음을 알 수 있습니다. 아마도 세상적인 쾌락을 추구하는 뛰어난 미모의 여인이었을 것으로 추정됩니다.

하나님을 떠난 인류의 문명은 놀랍도록 발전했습니다. 다방면으로 두루두루 전문가들을 배출했습니다. 나중에는 하나님의 아들과 사람의 딸들이 결혼해서 자식을 낳았는데 당대에 용사가 되었다고 했습니다. 하나님을 떠났으면 뭔가 부족하고 모자라야 할 것 같은데 그렇지 않습니다.

"그것 봐. 하나님을 떠나서는 아무것도 할 수 없어. 인간끼리 살아 봤자 초라하기만 하잖아"라고 말하고 싶은데 현실은 정반대입니다. 오히려 더 화려하고 웅장해져서 하나님의 이름에 도전합니다. 심지어 이제는 인간 복제까지도 시도하는 시대가 되었습니다.

하나님께서는 비록 자신을 떠난 죄인들이지만 이들에게 주신 재능마

저 빼앗아가지는 않았습니다.

이게 무슨 뜻입니까? 하나님을 떠났어도 이들은 문명을 이룰 만큼 놀라운 재능을 가지고 있었습니다.

하나님은 의인이나 악인이나 상관없이 동일하게 자연이라는 은혜를 주십니다. 또 한 가지 골고루 나눠 주신 것이 있는데 바로 달란트, 즉 재능입니다. 달란트는 원래 데나리온과 같이 돈을 세는 단위로 쓰였습니다. 복음서에서 재능에 따라 달란트를 나눠 주어서 달란트와 재능을 동의어로 쓰게 되었습니다. 지금은 다양한 재능을 가진 사람을 탤런트라고 부르기도 합니다. 달란트가 믿는 사람에게만 주어진다면 얼마나 좋겠습니까? 그러면 전도에 무척 도움이 될 텐데 말입니다. "하나님을 믿어야 재능을 발휘할 수 있다"고 말하고 싶지만, 저들은 이미 너무나 많은 달란트를 가지고 있습니다. 그러나 세상 문화가 번창하는 것에 대해서 너무 힘들어하지 마십시오.

제가 아는 분 중에 열심히 신앙생활을 하시면서 소위 잘나가는 세상 사람 때문에 시험에 빠진 분이 있었습니다. 예수님을 잘 믿는 자기는 사업에 실패하고, 믿지 않는 다른 사람은 손대는 사업마다 착착 성공하는 것이었습니다. 그러다 내 설교를 듣고 나서 속으로 '그래, 너는 이 땅의 것이 전부지. 땅의 것이나 실컷 먹고 살다가 죽을 거니까 세상에서라도 잘 되어야지' 하며 위안을 삼았는데, 그 사람이 예수님을 믿게 되었습니다. 억울해서 눈물이 다 나올 지경이었습니다. '도대체 쟤는 어떤 복을 받았기에 세상에서 하는 일도 잘되고 이제는 예수님까지 믿어?' 하고 속이 상했다고 하는 고백을 들었습니다.

그러나 울 필요가 없습니다. 주님과 함께 살아온 삶은 나중에라도 꼭 보상을 받습니다. "현재의 고난은 장차 우리에게 나타날 영광과 비교할 수 없도다"(롬 8:18) 하고 사도 바울이 말하지 않았습니까?

하나님을 떠난 인류의 문명이 잘나간다고 해서 상처 받지 마십시오. 동전에도 양면이 있듯이 앞이 화려한 만큼 뒤는 매우 어둡습니다. 무슨 말인가 하면 하나님을 떠난 인류는 자기들이 만든 문명밖에는 내세울 것이 없습니다. 그것 외에는 할 얘기가 없다는 뜻입니다. 하나님에 대해서 할 얘기가 없는 문명이니 얼마나 역설적입니까? 잘 먹고 잘 사는 것 같은데 공허하고 허무합니다. 그들에게는 하나님과 함께한 이야기가 없습니다. 무엇을 만들었고, 얼마나 이루었는지 밖에는 할 얘기가 없습니다. 이것이 그들의 비극입니다.

라멕의 법을
따르는 세상

라멕은 최초의 시인이기도 합니다. 그의 재능이 얼마나 풍부했는지 성경에 기록된 인류 최초의 시는 그가 지은 것입니다.

"라멕이 아내들에게 이르되 아다와 씰라여 내 목소리를 들으라 라

멕의 아내들이여 내 말을 들으라 나의 상처로 말미암아 내가 사람

을 죽였고 나의 상함으로 말미암아 소년을 죽였도다 가인을 위하

여는 벌이 칠 배일진대 라멕을 위하여는 벌이 칠십칠 배이리로다"

(창 4:23-24).

라멕의 노래를 일명 '칼의 노래'라고도 부릅니다. 같은 말을 다르게 표현하여 반복하는 평행법과 비슷한 문구를 나란히 쓰는 대구법을 잘 활용하여 풍부한 기교를 발휘했습니다.

그는 이 노래를 박자 맞추기 좋게 반복하면서 자랑하듯 흥겹게 불렀습니다. 아다와 씰라를 부르면서 권위 있게 공포하듯 했습니다. 승리했을 때나 부를 분위기의 노래인데, 내용은 "상처로 말미암아 사람을 죽였다"라는 고백입니다.

그렇습니다. 자랑하는 것입니다. 왜 자랑하는 줄 아십니까? 아벨을 죽인 가인을 위해서는 벌이 7배인데 자기를 위해서는 77배일 것이라고 한데에 그 이유가 있습니다. 가인은 아벨을 고의적으로 살해했습니다. 아벨이 아무 해도 끼치지 않았는데 죽인 것입니다. 그런데도 하나님은 그를 죽이지 않고 오히려 그를 죽이는 자에게는 7배의 벌을 주실 것이라고 했습니다.

가인에 비하면 자기의 살인은 '정당방위'에 불과하다는 것입니다. 상처를 받지 않았다면 죽이는 일도 없었을 것이라고 고개를 뻣뻣하게 세웠습니다. 그러니 동생 아벨을 죽인 형 가인을 죽이는 자에게 벌이 7배

라면 정당방위로 사람을 죽인 자기를 죽이는 자에게는 벌이 77배는 되어야 할 것이라고 자랑하는 것입니다.

그는 왜 이런 노래를 불렀을까요? 라멕은 진짜로 그것이 정당하다고 믿은 것입니다. 그에게는 논리적이고 합당한 이야기였습니다. 뿐만 아니라 세상 사람들도 그것이 정당한 논리라고 믿습니다. 이것이 세상의 논리입니다. 안타깝게도 우리도 이 논리를 따르며 살고 있습니다.

타락한 인류는 크게 두 가지 특징을 보여 줍니다. 하나는 성적 타락이고 또 하나는 폭력입니다. 폭력, 즉 힘의 논리를 잘 표현한 것이 바로 라멕의 노래입니다. 하나님을 떠난 인류는 라멕의 법을 따릅니다. 곧 '당한 대로 갚는 것'입니다.

그러나 사람이란 공평을 모르는 존재입니다. 누군가를 때려 보십시오. 그가 딱 맞은 만큼만 되돌려 줄 것 같습니까? 아닙니다. 자기가 맞은 것에 플러스 알파를 해야 그나마 직성이 풀립니다. 증오를 담아 더 세게 때려야 감정이 풀릴까 말까 합니다. 이것이 세상의 공평입니다.

그렇다면 성경은 어떤 논리를 가르치고 있습니까? 출애굽기 21장부터 23장을 '안식법'이라고 합니다. 하나님 앞에서 안식을 누리게 하기 위해서 이스라엘에게 주신 것입니다.

놀랍게도 안식법은 종의 법에서부터 시작됩니다. 종은 안식을 누리지 못하는 사람입니다. 세상의 법은 모두가 가진 자의 법입니다. 그런데 이스라엘에게 주신 법은 권력자를 위하는 법이 아니라 사람 대접도 못 받던 종의 법부터 시작합니다. 그런데 이 안식법의 가장 중요한 핵심은 다음 구절에 있습니다.

> "그러나 다른 해가 있으면 갚되 생명은 생명으로, 눈은 눈으로, 이는 이로, 손은 손으로, 발은 발로, 덴 것은 덴 것으로, 상하게 한 것은 상함으로, 때린 것은 때림으로 갚을지니라"(출 21:23-25).

혹자는 이것을 '복수법'이라고 부르기도 합니다. 이것은 하나님이 법을 주신 이유를 몰라서 말하는 무지의 소치입니다. 법이 존재하는 이유는 그 공동체 안에 악을 제거하거나 제어함으로 악의 확산을 막는 데 목적이 있습니다. 하나님이 이스라엘에게 주신 법은 힘의 논리로 살지 말고 하나님의 거룩함을 지키라는 의미에서 주신 것입니다.

인간 사회에서 법이 필요한 이유는 악의 팽배를 막기 위함입니다. 살인자를 감옥에 가두는 것도 살인이 더 이상 계속되지 못하도록 공동체를 보호하기 위한 방법입니다. 우리의 법은 거기에 목적을 두고 있습니다. 악을 제거하고 제어하는 것입니다.

그러나 하나님은 이스라엘 공동체 안에서 죄가 일어나고 그에 대한 벌을 줘야 한다면 눈은 눈만큼, 이는 이만큼 복수해야지 감정을 담아 그 이상을 복수하지 말라고 하십니다. 죄인의 특징은 자기중심적이라고 했습니다. 사람들은 자신이 당한만큼만 벌을 주지 않습니다. 자신이 당한 것에 대해 감정이 풀릴만큼 보복해야만 합당하다고 생각합니다.

아이들이 싸우는 것을 본 적이 있습니다. 한 아이가 옆에 아이를 툭 쳤더니 "왜 때려" 하고 자기를 친 아이를 다시 때렸습니다. 처음에 툭 쳤던 아이가 "나는 살짝 쳤는데 너는 왜 아프게 때려" 하면서 강도를 높여 다시 때렸습니다. 이렇게 왔다 갔다 하면서 강도가 점점 세지더니 급기야 싸움으로 번졌습니다. 이게 죄인의 모습입니다. 우리는 공평하게 할 실력이 없습니다. 나에게 공평이란 내 악을 담아서 보복할 때만 정당하다고 느끼는 것입니다.

하나님의 법은 악을 제거하기 위해 악을 더 생산하지 말라는 뜻입니다. 죄가 파생되는 것을 금하는 법입니다. 그래서 하나님의 안식법은 공평합니다.

하나님의 목적은 악을 제거하는 것이지 사람을 죽이는 것이 아닙니다. 그런데 라멕은 어떻습니까? 상처를 입혔으니 죽음으로 갚는 것이 당연하다고 말합니다. 그래야 분이 풀리는 것입니다. 이것이 힘의 논리입니다. 하나님을 떠난 인류는 자기의 분이 풀릴 때까지 힘의 논리로 복수하고, 복수의 정당성을 노래하며 자랑해야 직성이 풀리는 논리를 따릅니다.

라멕이 자랑한 것은 힘의 논리입니다.

"처음부터 건드리지 말았어야지, 왜 나를 건드려? 가인에 비하면 나는 사람을 죽일 만한 타당한 이유를 가지고 있어. 죽을 만하니까 죽은 거야."

라멕의 가장 큰 잘못은 사람을 죽이고 나서 심판까지 했다는 것입니다. 심판은 하나님의 영역이자 하나님의 권한입니다. 하나님은 인간에게 심판권을 주신 적이 없습니다. 그런데도 죄악의 문명은 하나님의 자리를 끊임없이 넘봅니다. 하나님을 대신하여 자신이 하나님의 권좌에 앉는 신성모독인 것입니다.

Part 3

나는
구원한다

"무지개가 구름 사이에 있으리니 내가 보고
나 하나님과 모든 육체를 가진 땅의 모든 생물 사이의
영원한 언약을 기억하리라 "

창 9:16

Chapter 7
내가 너와 동행했다

가인의 후예가 화려한 문명을 자랑하는 동안 셋의 후예는 하나님과 함께하는 이야기를 계속 이어 갔습니다. 아담의 계보를 잇는 인류는 겉보기에는 낳고 죽는 것밖에 한 일이 없는 것처럼 보이지만 그 안에는 하나님과 동행한 이야기가 있습니다.

"셋도 아들을 낳고 그의 이름을 에노스라 하였으며 그때에 사람들이 비로소 여호와의 이름을 불렀더라"(창 4:26).

에노스 때에 비로소 여호와의 이름을 불렀다고 했습니다. 여기서 '부르다'라는 단어는 '찬양하다'라는 뜻과 함께 '도움을 청하다'라는 뜻이 있습니다. 에노스 시대에 사람들이 하나님을 찬양하며 도움을 청했다는 뜻입니다.

그런데 그렇다면 셋의 시대에는 여호와의 이름을 부르는 사람이 없었을까요? 아닙니다. 셋도 불렀습니다. 에노스가 여호와의 이름을 부르는 노래를 누구에게서 배웠겠습니까? 당연히 가정에서 배웠을 것입니다. 즉 가정에서 하나님을 부르는 찬양이 계속 전해져 내려오고 있었다는 이야기입니다.

가인의 문명은 성적 타락과 폭력으로 가정이 깨어지고 힘의 논리가 좌지우지하는 독한 세상을 이룬 반면에 셋의 후예는 겉보기에 화려하고 웅장한 업적은 없지만 하나님의 이름을 부르는 법을 잘 전수하고 있었습니다.

이것이 중요한 이유는 "여자의 후손은 네(뱀) 머리를 상하게 할 것"(창 3:15)이라고 하신 말씀에 따라 하나님의 이름을 부르는 '다른 씨'가 계속 이어져 내려갔기 때문입니다.

에노스의 뜻은 '사람' 또는 '남자'입니다. 아담이 '보편적인 사람'이라는 뜻을 가졌듯이 에노스도 비슷한 뜻을 가졌습니다. 이것은 무엇을 의미합니까? 아담으로부터 시작된 하나님의 씨가 에노스에게까지 이어지고 있다는 뜻입니다.

여호와의 이름을 불렀다는 것에는 굉장히 중요한 의미가 있습니다. 단순히 소리 내어 불렀다는 것이 아니라 하나님과 깊이 만나고 영적인 체험이 있었다는 뜻이기 때문입니다.

창세기 12장을 보십시오.

"거기서 벧엘 동쪽 산으로 옮겨 장막을 치니 서쪽은 벧엘이요 동쪽은 아이라 그가 그곳에서 여호와께 제단을 쌓고 여호와의 이름을 부르더니"(창 12:8).

아브람은 제단을 쌓고 처음으로 거기서 여호와의 이름을 불렀습니다. 애굽에 내려갔다가 올라온 후에도 다시 그곳에서 여호와의 이름을 불렀다고 했습니다. 그가 하나님과 깊이 만났고 영적 체험을 했다는 뜻입니다.

아들은
아버지를 닮는다

셋의 후예, 에노스가 하나님의 이름을 불렀습니다. 이들을 통해 하나님의 이름을 부르며 찬양하는 일이 계속 이어져 갔습니다. 아담의 계보를 잇는 셋의 족보는 가인의 족보와는 달랐습니다.

"이것은 아담의 계보를 적은 책이니라 하나님이 사람을 창조하실 때에 하나님의 모양대로 지으시되"(창 5:1).

가인의 족보는 그가 "여호와 앞을 떠나서 에덴 동쪽 놋 땅에 거주하더니 아내와 동침하매 그가 임신하여 에녹을 낳은지라"(창 4:16-17)에서 시작한 반면에 셋의 족보는 하나님의 창조 때까지 거슬러 올라갑니다. 하나님의 형상을 닮도록 지으신 하나님의 피조물, 아담에까지 거슬러 올라감으로써 그 정통성을 보여 주는 것입니다. 가인의 족보는 하나님과의 관계가 끊긴 족보이지만 셋의 족보는 그 관계가 계속 이어져 내려가는 족보입니다. 신약성경에서도 이 같은 족보를 찾아볼 수 있습니다. 유대인을 대상으로 쓰인 마태복음은 "아브라함과 다윗의 자손 예수 그리스도의 계보"(마 1:1)라고 소개하는 것으로 시작합니다. 아브라함과 다윗의 언약을 잇는 정통이라는 뜻입니다. 그에 비해 이방인을 대상으로 쓰인 누가복음은 예수님은 "사람들이 아는 대로 요셉의 아들이니 요셉의 위는 헬리요 그 위는 맛닷이요…"(눅 3:23-24) 하고 족보를 거슬러 올라갑니다. 어디까지 거슬러 올라갑니까?

> "그 위는 므두셀라요 그 위는 에녹이요 그 위는 야렛이요 그 위는 마할랄렐이요 그 위는 가이난이요 그 위는 에노스요 그 위는 셋이요 그 위는 아담이요 그 위는 하나님이시니라"(눅 3:37-38).

하나님에게까지 올라갑니다. 창세기 5장에 기록된 셋의 족보를 그대로 거꾸로 거슬러 올라간 것과 같습니다.

> "아담은 백삼십 세에 자기의 모양 곧 자기의 형상과 같은 아들을 낳아 이름을 셋이라 하였고"(창 5:3).

하나님은 하나님의 형상을 따라 남자와 여자를 지으셨고, 아담은 자기의 형상을 닮은 아들을 낳았습니다. 이것은 하나님의 형상을 닮은 아담에게서 나온 자손들이 아담의 형상을 닮음으로써 하나님에게 뿌리를 두면서도 죄의 영향력도 같이 흘러가게 되었다는 것을 의미합니다.

사람은 존재하는 그 자체가 영향을 줄 수밖에 없습니다. 우리가 살아서 존재하는 모든 곳에서 좋은 영향력이 아니면 나쁜 영향력을 주는 것입니다. 물론 우리는 이 세상에 좋은 영향력을 끼쳐야 할 책임이 있습니다. 나도 하나님의 자녀로서 이왕이면 좋은 영향력을 끼치며 살려고 노력하고 있습니다.

그런데 아내가 나의 어떤 말과 행동을 보면서 "이럴 때는 꼭 당신 아버지랑 똑같아"라고 할 때가 있습니다. 물론 아버님의 좋은 모습을 말할 때도 있지만, '나는 이다음에 저 모습만은 닮지 말아야지' 다짐했던 부분을 말할 때도 있습니다. 이럴 때면 마음이 무척 상합니다. 왜냐하면 아내가 말한 그 모습은 닮지 않으려고 부단히 노력했던 모습이기 때문입니다.

친척들을 만나면 나에게서 아버님 얼굴이 보인다고 합니다. 그 모습이 좋은 모습일 수도 있고 아니면 그렇게 닮지 않으려고 노력했던 모습일 수도 있습니다. 그러나 중요한 것은 그것이 내가 아버지의 아들이라는 증거입니다. 이것은 단순히 육신의 모습만 닮은 것이 아니라 죄의 영향도 함께 받았다는 것을 뜻합니다.

이처럼 내가 원치 않아도 육신의 부모를 닮듯이 내 안에 계신 성령님으로 말미암아 나는 하나님을 닮아갈 것입니다. 하나님께서 셋의 후손을 통해서 '다른 씨'를 주셨듯이 말입니다.

죽음의 족보 속에
감춰진 비밀

창세기 5장은 아담에서부터 노아의 아들, 셈과 함과 야벳에 이르는 족보로만 채워져 있습니다. 그런데 "누가 누구를 낳고 살다 죽었더라"만 반복되는 족보입니다. 그래서 '죽음의 족보'라고 합니다.

이와 대조되는 족보가 마태복음 1장에 나옵니다. 아브라함에서부터 예수님에 이르기까지 "누가 누구를 낳았다"는 기록만 있습니다. 그래서 '생명의 족보'라고 합니다.

똑같은 족보인데 하나는 죽음의 족보요 또 하나는 생명의 족보입니다. 창세기에는 왜 죽음의 족보가 쓰였을까요? 아무리 은혜를 많이 받고 아무리 무병장수한다고 해도 죽음은 피할 수 없더라는 얘기입니다. 즉 죄를 극복하지 못했다는 것입니다.

창세기 10장과 11장에도 족보가 등장합니다. 바벨탑 사건을 중간에 넣음으로써 하나님을 떠난 인류와 하나님의 이름을 가진 인류가 나뉘는 것을 보여 주는데 이들도 죽음은 피할 수 없었습니다. 지금까지도 마찬가지입니다.

그런데 죽음의 족보에서 매우 놀라운 것을 발견합니다. 에녹이 태어난 것입니다.

> "에녹은 육십오 세에 므두셀라를 낳았고 므두셀라를 낳은 후 삼백
> 년을 하나님과 동행하며 자녀들을 낳았으며 그는 삼백육십오 세를
> 살았더라 에녹이 하나님과 동행하더니 하나님이 그를 데려가시므
> 로 세상에 있지 아니하였더라"(창 5:21-24).

히브리 원문에는 '세상'이란 단어가 없습니다. 번역하자면 '그를 데
려가시므로 그가 존재하지 않았다'입니다. '죽었다'가 아니라 '존재하지
않았다'고 말합니다. 에녹은 죽음의 족보 가운데 유일하게 죽음을 경험
하지 않은 인물이었습니다. 에녹에게 죽음이 비껴갔다는 것은 죄를 해
결할 길이 있다는 걸 의미합니다. 여기에 소망이 있는 것입니다.

5장에서 족보의 대미를 장식하는 것은 노아와 세 아들입니다. 그런데
낳았다는 얘기만 있고 "죽었더라"는 말이 없습니다. 여기가 족보의 마
지막이 아니라는 뜻입니다. 실제로 족보는 9장에 가서야 끝이 납니다.

> "그(노아)의 나이가 구백오십 세가 되어 죽었더라"(창 9:29).

아담의 계보를 잇는 셋의 족보가 왜 이렇게 길어졌을까요? 5장의 끝
과 9장의 끝 사이에 강조하는 것이 있다는 뜻입니다. 죽음이 만연한 세
상에서 하나님과 동행함으로써 죽지 않은 에녹이 있고, 생명을 싹쓸이

해 간 홍수 때 죽지 않고 은혜를 입은 노아가 있었던 것입니다.

비슷한 두 인물이 연이어 나오는 것은 강조를 의미합니다. 뿐만 아니라 사람의 창조 이야기처럼, 먼저 에녹이 죽음을 면할 수 있었던 것은 하나님과 동행했기 때문이라는 것을 간략하게 보여 주고 나서 노아를 통해 하나님과 동행한다는 것이 무엇이고 어떻게 하는 것인지를 자세히 보여 주는 형식을 취하고 있습니다.

이때도 죄는 여전히 극복되지 못했습니다. 셋의 후예라도 죽음은 피할 수 없었습니다. 그러나 모두가 죽어 갈 때에 구원의 방주에 탄 노아를 보십시오. 하나님의 명령에 순종하여 구원의 방주를 완성한 노아는 하나님과의 동행만이 죽음을 극복할 수 있는 길임을 가르쳐 줍니다.

죽음의 족보에 담긴 하나님과의 동행의 비밀을 깨달으면 짜릿합니다.

> "에녹은 육십오 세에 므두셀라를 낳았고 므두셀라를 낳은 후 삼백
> 년을 하나님과 동행하며 자녀들을 낳았으며 그는 삼백육십오 세를
> 살았더라"(창 5:21-23).

에녹이 65세에 므두셀라를 낳은 후 300년을 하나님과 동행하며 자녀들을 낳았다고 했습니다. 이 땅에서 365년을 살다가 하나님께 부름 받아 '존재하지 않게' 되었습니다. 에녹이 언제부터 하나님과 동행했습니까? 므두셀라를 낳고 나서입니다. 태어났을 때부터 동행한 게 아니라는 뜻입니다.

여기서 동행이란 '걷다', '삶의 방식을 따르다'라는 뜻입니다. 즉 하나님과 동행한다는 것은 내 방식이 아닌 하나님의 방식으로 하나님과 함께 길을 걷는 것입니다.

그런데 왜 하필이면 므두셀라가 태어났을 때부터 동행했을까요? 평탄하게 잘 살다가 자식을 낳고 보니 '아차 이렇게 살면 안 되겠구나, 하나님과 동행하지 않으면 살 수가 없겠구나' 하고 깨달아서였을까요? 아닙니다. 에녹은 그전에도 하나님을 잘 섬겼습니다. 65년까지는 맘대로 살다가 자식을 낳을 때 정신을 차리고 동행한 것이 아닙니다. 하나님이 선택한 사람입니다. 그전에도 열심히 살았을 것입니다. 그런데 므두셀라를 낳고 동행했다는 것은 성경이 말하고 싶은 것이 있다는 뜻입니다.

므두셀라라는 이름에는 '병기', '칼의 사람'이라는 살벌한 뜻이 있습니다. 칼을 들었다는 것은 '심판'을 의미합니다. 즉 그의 이름의 의미는 '그가 죽으면 심판이 임하리라'는 것입니다. 하나님이 에녹에게 므두셀라를 주시면서 "얘가 죽으면 심판이 임할 거야"라고 말씀해 주신 셈입니다.

그러니 에녹의 심정이 어땠겠습니까? 무섭습니다. '이 아이가 죽으면 큰일이 난다니….' 그때부터 에녹은 므두셀라에게 온 신경이 집중되었을 것입니다. 애지중지했을 것입니다. 결국 생명을 주관하시는 하나님과 동행할 수밖에 없는 상황이 된 것입니다.

므두셀라는 187세에 라멕을 낳고 782년을 더 살다가 969세에 죽었습니다. 인류 역사상 최고로 오래 산 인물이 되었습니다. 라멕은 182세에 노아를 낳았습니다. 노아가 태어났을 때 므두셀라는 369세였습니다. 노아가 셈과 함과 야벳을 낳은 게 500세였으니 이때는 므두셀라가 869세였습니다.

그런데 홍수 사건이 언제 일어났는지 아십니까?

> "노아가 육백 세 되던 해 둘째 달 곧 그 달 열이렛날이라 그 날에 큰 깊음의 샘들이 터지며 하늘의 창문들이 열려"(창 7:11).

노아가 600세 되던 해입니다. 그때 므두셀라는 몇 살이었을까요? 969세였습니다. 바로 므두셀라가 죽은 해에 물의 심판이 있었음을 알 수 있습니다. "그가 죽으면 심판이 임하리라"는 말씀이 그대로 실현된 것입니다.

동행이 무엇이냐

하나님은 므두셀라를 통해 에녹에게 동행이 무엇인지를 가르치셨습니다. 므두셀라가 태어나기 전에도 에녹은 하나님을 믿고 살았을 것입니다. 그러나 하나님을 그냥 믿고 사는 것과 하나님께 집중하며 사는 것은 다른 차원의 이야기입니다.

"네 아들 므두셀라가 죽으면 심판이 임하리라"는 말씀을 듣고 에녹은 인류 문명의 끝을 보는 눈이 생겼습니다. 하나님의 경고를 진지하게 받아들인 것입니다. 그러나 그때가 언제인지는 알 길이 없었습니다. 그러니 므두셀라를 볼 때마다 하나님의 심판을 생각하지 않을 수 없었을 것입니다. 어쩌다 므두셀라가 아프기라도 하면 회개가 절로 나왔을 것입니다.

이것이 바로 동행입니다. 어디를 가도 주의 말씀이 떠오르고 매일 주의 말씀을 묵상하며 그 말씀을 따르는 것이 동행이라고 가르쳐 주신 것입니다. 하나님의 말씀이 언제 이루어질지 모르고 왜 따라야 하는지 이해할 수도 없지만 말씀에 늘 집중하고 따르는 것이 동행입니다. 주의 말씀을 따라 삶의 방식을 바꾸는 것이 동행입니다.

에녹은 하나님의 심판이 있으리라는 것만 알았지 왜, 무엇 때문에 심판하셔야 하는지는 알지 못했습니다. 사실 창조주이자 역사의 주관자이신 하나님이 세상을 멸망시킬 심판 날의 기준을 이제 막 태어난 아기가 죽을 때로 하겠다는 것이 이해가 되십니까? 하나님께서는 이 아기가 어떤 존재인지, 이 아기가 죽을 때 온 세상이 왜 멸망해야만 하는지 그 어떤 이유도 설명하지 않습니다. 온 인류의 멸망이라면 적어도 우리가 납득할만한 기준을 제시해야지, 아무 설명도 없이 심판 날의 기준을 갓 태어난 아기에게 두셨다는 것이 말이 됩니까?

그래도 에녹은 하나님과 이성적인 싸움을 하지 않았습니다. 하나님이 므두셀라를 두고 심판을 말씀하신다면 분명히 그러실 만한 이유가 있을 것이라고 생각했습니다. 에녹은 말씀을 믿었고 그 말씀을 따랐습니다. 그의 믿음은 아주 단순했습니다.

계명은 단순합니다. "선악과를 먹지 마라. 먹으면 죽으리라." 그렇습

니다. 선악과를 먹으면 죽습니다. 아주 단순합니다. 선악과를 먹지 않았
으면 죽음도 없었을 것입니다. 하나님을 사랑하면 하나님의 말씀을 지
키는 것이 당연합니다.

하나님과 동행한다는 징표가 무엇인지 아십니까? 미련할 정도로 주
의 말씀을 따르는 삶의 방식입니다. '하나님의 말씀이 진리'라고 믿고 따
라가는 것입니다. 설사 말씀을 깨닫지 못했어도 그 말씀 앞에서 살아가
는 것입니다. 하나님 말씀을 듣고 지키며 사는 것입니다.

하지만 에녹이 하나님과 동행하는 300년 동안 아무것도 안 하고 므두
셀라만 봤겠습니까? 아닙니다. 세상 사람들과 똑같이 땀 흘려 일하고 먹
고 자며 살았습니다. 단 하나, 므두셀라를 지켜보며 하나님의 말씀에 집
중하는 것이 달랐습니다. 늘 말씀 앞에서 자신을 점검했습니다. 살다가
실수나 잘못을 저지를 수도 있습니다. 그러나 그는 말씀 앞에 돌아와 회
개했습니다. 그의 중심이 하나님께 맞춰져 있었기 때문입니다. 이것이
바로 하나님과 동행한 에녹의 삶이었습니다.

사탄은 '사실'을 가지고 우리를 시험합니다. 사실이 무엇입니까? 우리
에게 실제로 일어난 일들입니다. 오늘 누군가에게서 상처를 받은 게 사
실이고 어떤 문제 때문에 마음이 어려워진 것이 사실입니다. 사탄은 그
일어난 일들에 집중하게 만듭니다.

그러나 우리가 좇고 붙잡아야 할 것은 사실이 아니라 진리입니다. 진
리가 무엇입니까? 하나님의 말씀입니다. 진리는 사실을 변화시키는 힘
이 있습니다. 세상 사람들은 사실만 바라볼지 몰라도 하나님을 믿는 사

람들은 진리를 붙잡습니다.

요셉이 형들에게 팔려서 노예가 된 것이 사실입니다. 억울하게 감옥 살이한 것도 사실입니다. 그러나 요셉은 사실을 좇지 않고 진리를 붙잡았습니다. 사탄은 사실에 집중하도록 유혹하지만 그는 하나님의 말씀을 좇아 진리를 붙잡았습니다.

그 덕분에 노예 생활을 하면서도 요셉의 삶이 형통했고 감옥에 갇혀서도 형통했다고 말합니다. 요셉이 사실에만 집중했다면 과연 형통할 수 있었을까요? 요셉의 외적 '사실'은 점점 바닥으로 내려갔지만 요셉은 변함없이 하나님의 말씀을 붙잡았습니다. 현실을 바꾸지 않고 진리를 붙잡았기 때문에 형통할 수 있었습니다. 성경에서 말하는 형통은 단순한 만사형통이 아닙니다. 그가 하나님의 뜻대로 가고 있다는 것입니다. 보이는 '사실'이 아니라 '진리'를 붙잡는 자만이 하나님의 형통을 맛보게 되는 것입니다.

므두셀라를 보십시오. 인류 역사상 가장 오래 살았던 인물입니다. 그가 그렇게 오래 살 수 있었던 것은 무엇 때문입니까? 하나님께서 하나님의 심판이 임하기까지 오래도록 참고 기다리셨기 때문입니다. 그것이 하나님의 마음입니다. '하나님의 말씀을 따르는 것이 복'이라는 단순한 진리를 삶의 방식으로 삼는 것이 동행입니다.

하나님의 말씀을 이해하지 못하더라도 자신의 머리로 판단하지 말고 무식하리만큼 단순하게 따르십시오. 하나님이 어떤 분이신지 아니까, 하나님을 사랑하니까 따르는 것입니다.

나도 하나님의 방법을 이해하지 못할 때가 많습니다. 그러나 이것 하나만큼은 압니다. 우리 하나님은 신실하시다는 것입니다. 하나님의 방법, 하나님의 인도하심에는 실수가 없다는 것을 압니다. 하나님이 그런 분이라는 것을 알기 때문에 순종할 수 있습니다. 결과를 예측하지 못하더라도 하나님을 믿고 사랑하기 때문에 그 말씀을 좇습니다.

신학은 별게 아닙니다. 하나님의 말씀에서 멀어지게 하면 나쁜 신학이고, 하나님을 따라가게 하면 좋은 신학입니다. 맹종과 순종은 다른 개념입니다. 맹종은 그야말로 무조건 따르는 것이고 순종은 하나님을 알기에 기꺼이 따르는 것입니다.

"나를 존중히 여기는 자를 내가 존중히 여기고 나를 멸시하는 자를 내가 경멸하리라"(삼상 2:30)는 말씀은 어느 시대에나 적용되는 진리입니다. 에녹은 하나님의 말씀을 존중하여 죽음을 겪지 않을 수 있었습니다.

그러나 결론적으로 모든 사람은 죽음을 향하여 가고 있습니다. 죽음은 죄의 결과입니다. 즉 모든 사람이 죄의 영향력에서 자유로울 수 없다는 것을 뜻합니다. 그가 셋의 후예라도 말입니다.

Chapter 8

노아야,
창문을 닫아라

"이것이 노아의 족보니라 노아는 의인이요 당대에 완전한 자라 그
는 하나님과 동행하였으며"(창 6:9).

성경은 노아가 의인이요 당대에 완전한 자였다고 말합니다. 여기서
의인은 죄가 없이 의로운 사람이란 뜻이 아닙니다. 인간은 절대적으로
의로울 수 없습니다. 상대적으로 의로울 뿐입니다. 당대 사람들에 비해
서 노아가 하나님과 바른 관계를 가졌다는 뜻입니다. 또한 완전하다는
것은 완전무결하다는 것이 아니라 하나님 앞에서 살아가는 태도가 온전
했음을 뜻합니다.

옛날이야기가
아니다

노아는 "온 땅이 하나님 앞에 부패하여 포악함이 땅에 가득"(창 6:11)했던 시대를 살았습니다. 하나님을 떠난 인류 문명의 특징이 무어라 했습니까? '성적 타락'과 '힘의 논리'라고 했습니다. 부패와 포악은 힘의 논리가 빚어내는 악의 결과입니다. 어찌나 부패했던지 "땅이 부패하였으니 이는 땅에서 모든 혈육 있는 자의 행위가 부패함이었더라"(창 6:12)고 반복적으로 말합니다. 그런 시대에 노아는 하나님의 면전에서 온전하게 살았습니다.

하나님이 노아에게 "모든 혈육 있는 자의 포악함이 땅에 가득하므로 … 그들을 땅과 함께 멸하리라"(창 6:13)고 말씀하셨을 때 노아는 드디어 므두셀라를 통해 하셨던 예언이 이루어지리라는 것을 알았습니다. 에녹이 알지 못했던 심판의 때가 이르렀음을 안 것입니다. 므두셀라가 죽을 때 심판이 임하리라는 말씀이 생생하게 되살아났습니다. 무려 800년 전의 이야기인데도 노아에게는 옛날이야기가 아니었던 것입니다.

열왕기상 16장을 보십시오.

> "오므리의 아들 아합이 그의 이전의 모든 사람보다 여호와 보시기에 악을 더욱 행하여 느밧의 아들 여로보암의 죄를 따라 행하는 것을 오히려 가볍게 여기며 시돈 사람의 왕 엣바알의 딸 이세벨을 아

144

내로 삼고 가서 바알을 섬겨 예배하고 사마리아에 건축한 바알의 신전 안에 바알을 위하여 제단을 쌓으며 또 아세라 상을 만들었으니 그는 그 이전의 이스라엘의 모든 왕보다 심히 이스라엘 하나님 여호와를 노하시게 하였더라 그 시대에 벧엘 사람 히엘이 여리고를 건축하였는데 그가 그 터를 쌓을 때에 맏아들 아비람을 잃었고 그 성문을 세울 때에 막내아들 스굽을 잃었으니 여호와께서 눈의 아들 여호수아를 통하여 하신 말씀과 같이 되었더라"(왕상 16:30-34).

악명 높은 아합 왕은 여로보암의 죄를 따라 행하는 것을 오히려 가볍게 여기는 사람이었습니다. 역사적으로 선한 왕은 다윗을 좇았다고 표현하는 반면에 악한 왕들은 여로보암을 좇았다고 표현합니다.

솔로몬이 죽은 후 이스라엘은 열두 지파 가운데 르호보암을 지지한 유다와 베냐민 지파가 남유다를, 나머지 열 지파가 북이스라엘을 세움으로써 분단시대로 들어갔습니다. 이때 북이스라엘의 왕으로 즉위한 인물이 바로 여로보암입니다.

하나님은 여로보암에게 열 지파를 주시며 이렇게 말씀하셨습니다.

"내가 너를 취하리니 너는 네 마음에 원하는 대로 다스려 이스라엘 위에 왕이 되되 네가 만일 내가 명령한 모든 일에 순종하고 내 길로 행하며 내 눈에 합당한 일을 하며 내 종 다윗이 행함같이 내 율례와 명령을 지키면 내가 너와 함께 있어 내가 다윗을 위하여 세운 것같이 너를 위하여 견고한 집을 세우고 이스라엘을 네게 주리라"(왕상 11:37-38).

그러나 여로보암은 하나님의 길로 행하지 않았습니다. 백성이 남유다에 있는 예루살렘 성전으로 올라가지 못하도록 하고 벧엘과 단에 성전을 세워 금송아지를 섬기게 했습니다. 그래서 악한 왕들의 모델이 되었습니다.

아합은 여로보암보다 더 악한 인물이었습니다. 이방인 아내 이세벨과 함께 바알을 섬겼습니다. 오죽했으면 이스라엘의 모든 왕보다 더 여호와를 심히 노하시게 했겠습니까? 하나님의 말씀을 얼마나 무시했던지 무너진 여리고 성을 다시 쌓을 정도였습니다. 그러나 여호수아가 여리고 성을 무너뜨리고 나서 "누구든지 일어나서 이 여리고 성을 건축하는 자는 여호와 앞에서 저주를 받을 것이라 그 기초를 쌓을 때에 그의 맏아들을 잃을 것이요 그 문을 세울 때에 막내아들을 잃으리라"(수 6:26)고 맹세했던 대로 당시 여리고를 건축한 벧엘 사람 히엘은 맏아들과 막내아들을 잃었습니다.

여호수아는 왜 여리고 성을 다시 쌓지 못하게 했을까요? 여리고 성을 무너뜨린 건 순전히 하나님의 은혜였기 때문입니다. 가나안은 이스라엘이 스스로 싸워 쟁취한 것이 아니라 하나님의 은혜로 주어졌고, 그것을 상징하는 것이 바로 여리고 성이었습니다. 여호수아의 맹세가 지켜지는 한 가나안은 하나님이 주신 땅이고, 여리고 성은 하나님이 무너뜨리셨다는 고백이 유효했던 것입니다. 아무리 악한 세대라도 이 맹세만큼은 지켜 왔습니다.

그런데 아합이 여리고 성을 다시 쌓은 것입니다. 기초를 쌓을 때 진짜로 건축을 담당한 히엘이 맏아들 아비람과 막내아들 스굽을 잃었습니다. 그러면 멈춰야 할 텐데 아합은 멈추지 않았습니다. 왜 그랬을까요? 여호수아의 맹세를 한낱 옛날이야기로 취급했기 때문입니다.

여호수아의 맹세는 사사시대 400년, 사울 통치 40년, 다윗 통치 40년, 솔로몬 통치 40년만 계산해도 최소한 520년 전에 있었던 일입니다. 굉장히 오래전이긴 하지만 하나님의 말씀은 영원하지 않습니까? 그러나 아합은 하나님의 말씀을 무시했습니다. 그에게는 하나의 이야기에 지나지 않았습니다.

그런데 노아는 그보다 더한 시대를 살았습니다. 할아버지 므두셀라가 살아도 너무 오래 살았습니다. 할아버지가 죽으면 하나님의 심판이 있을 것이라고 듣고 자랐는데, 노아 자신이 500세가 되도록 그런 일은 일어나지 않았습니다. 그럼에도 불구하고 어느 날 하나님이 드디어 때가 이르렀다고 하시자 의심 없이 믿었습니다. 그에게 하나님의 말씀은 옛날이야기가 아니었던 것입니다.

120년,
사람의 날

하나님이 노아에게 방주를 만들라고 하셨을 때 그가 어떻게 했는지를 보십시오.

> "노아가 그와 같이 하여 하나님이 자기에게 명하신 대로 다 준행하였더라"(창 6:22).

모두가 부패한 시대에 노아는 말씀대로 '준행'했습니다. 지으라고 명하신 방주의 크기가 어디 작기나 했습니까? "길이는 삼백 규빗, 너비는 오십 규빗, 높이는 삼십 규빗"(창 6:15)으로 지으라고 하셨습니다. 환산하면 길이 136.8미터에 너비가 22.8미터, 높이가 13.7미터나 됩니다. 아파트 5층 높이입니다. 노아의 가족 8명이 탈 배가 이렇게까지 커야 할까요? 이해가 됩니까? 하나님의 말씀을 믿지 않으면 미친 짓입니다. 그렇지만 노아는 말씀대로 준행했습니다.

배를 만들라고 하셨으니 하나님이 얼마나 좋은 날씨를 주셨겠습니까? 하나님이 주신 그 좋은 날씨에 세상 사람들은 신나게 놀고먹고 마시는데 노아는 땀 흘리며 배를 지었습니다. 무려 800년이나 묵은 옛날이야기를 믿었습니다.

바로 이 믿음이 에녹과 맥락을 같이합니다. 이것이 동행입니다. 동행은 자기 판단에 의지하지 않고 단순하게 말씀을 따르는 것입니다. 인생의 목적이 내 중심에 있지 않고 말씀 안에 있는 것, 진리인 말씀을 좇겠다고 고백하며 말씀에 집중하며 사는 것, 이것이 동행입니다.

그런데 하나님은 왜 하필 그때 인류를 심판하려 하셨을까요? 당시 세상이 어땠는지를 살펴볼 필요가 있습니다. 이야기의 시작은 이랬습니다.

> "사람이 땅 위에 번성하기 시작할 때에 그들에게서 딸들이 나니 하나님의 아들들이 사람의 딸들의 아름다움을 보고 자기들이 좋아하는 모든 여자를 아내로 삼는지라"(창 6:1-2).

하나님은 사람을 창조하시고 "생육하고 번성하여 땅에 충만하라"(창 1:28)는 복을 주셨습니다. 여기서 '번성'은 하나님이 직접 관여하여 인간을 번성케 하셨다는 의미로 쓰였습니다.

그런데 노아 시대의 번성은 그들에게서 딸들이 태어나 하나님의 아들들이 사람의 딸들과 결혼함으로써 이루어졌습니다. 여기서 '하나님의 아들들'은 천사를 가리키는 게 아니라 즉 경건한 사람들, 즉 믿음의 사람들을 가리킵니다. 다시 말해서 가인의 후예와 구분되는 '다른 씨', 곧 셋의 후예였던 것입니다. 그들이 '사람의 딸들'의 아름다움을 주목하여 보고 사모하여 아내로 삼았다고 했습니다. 여기서 강조하는 것은 믿음의 사람들은 아들만 낳고 세상 사람들은 딸만 낳았다는 것이 아닙니다. 이것은 경건한 믿음의 사람들의 마인드에 변화가 생겼음을 의미합니다. 그 마인드의 변화를 결혼으로 표현한 것입니다. 그들이 경건한 것보다 세상적인 것들을 더 좋아하게 되었다는 뜻으로 타락이 시작되었음을 보여 줍니다.

게다가 자기들이 좋아하는 모든 여자를 아내로 삼았다고 했습니다. 예쁘고 섹시하거나 스펙이 뛰어난 여자라면 성품이야 어떻든지 하나님을 믿든지 말든지 상관없이 마음에 드는 대로 취했다는 뜻입니다. 간단히 말해서 이것이 바로 타락의 이유입니다.

그런 세상을 보고 하나님은 "나의 영이 영원히 사람과 함께하지 아니하리니 이는 그들이 육신이 됨이라"(창 6:3)고 말씀하셨습니다. 여기서 말하는 육신은 생기 없는 좀비가 아닙니다. 중국어 성경에는 '혈기'가 되었다고 쓰여 있습니다. 즉 하나님을 떠난 라멕과 같이 되었다는 뜻입니다. 자기 힘을 믿고 자기 혈기대로 사는 자들이 되었다는 것입니다.

그러나 "그들의 날은 백이십 년이 되리라"(창 6:3)고 하셨습니다. 120년에 대한 해석은 두 가지가 있습니다. 하나는 회개의 시간을 그만큼 주셨다는 해석입니다. 성 어거스틴(St. Augustine) 이후로 내려오는 전통적인 해석 중의 하나입니다. 또 다른 하나는 사람의 수명이 120세로 줄었다는 해석입니다.

두 가지 해석 모두 쉽게 설명되지 않는 부분이 있습니다. 120세로 수명이 줄었다고 하기에는 노아의 다음 세대인 아브라함이 175세, 이삭이 180세, 아론이 123세, 모세가 120세까지 살았으니 말씀에 부합하지 않습니다. 그렇다고 회개의 시간이라고 하기에도 뭔가 설명이 부족합니다. 노아가 500세에 셈과 함과 야벳을 낳고 600세에 홍수가 나서 모든 사람이 죽었으니 홍수 나기 120년 전인 480세 때 이 말씀을 들었다고 봐야 합니다. 그렇다면 셈과 함과 야벳이 태어나기 전부터 방주를 만들기 시작했다는 것입니다. 세상을 멸망시킬 심판을 준비해야 할 때에 그렇게 큰 배를 그 당시 상황에서 짓는 것도 만만치 않고 또한 애를 낳고 키우면서 지었다는 것도 쉽게 이해할 수 없습니다.

그러나 하나님의 일하심은 인간의 상식을 초월하기에 약간의 논란은 있지만 두 가지 설 중에 어떤 것을 취해도 틀렸다고 보면 안 됩니다. 왜냐면 실제적으로 회개의 시간이 주어졌고, 인간의 수명이 점점 줄어든 것이 사실이기 때문입니다.

나는 개인적으로 인간의 수명이 줄었다는 쪽에 동의합니다. 이것은 창세기 6장 1-6절을 어떤 관점으로 보느냐에 따라 견해가 달라집니다. 사람의 딸들이 태어났다는 1절에서부터 하나님의 아들들이 사람의 딸들에게 장가갔다는 4절까지를 그 시대에 대한 설명으로 보고, 하나님이 사람의 죄악이 세상에 가득함을 보고 땅 위에 사람을 지은 것을 한탄하셨다는 내용의 5절과 6절을 심판의 이유로 보기 때문입니다. 반면에 120년의 회개의 시간이 주어졌다고 보는 사람들은 1절부터 6절까지가 모두 심판의 이유라고 봅니다. 어떤 관점으로 보느냐에 따라 견해가 달라지지만, 어느 것을 선택해도 크게 문제가 되지는 않습니다.

네피림에
속지 마라

우리가 주목해야 할 것은 "당시에 땅에는 네피림이 있었고"(창 6:4)라는 사실입니다. 네피림(Nephilim)이란 장부(丈夫)라는 뜻으로 체격이 장대한 거인을 가리키는 말입니다. 나중에 열두 정탐꾼이 가나안을 정탐하고 나서 "네피림 후손인 아낙 자손의 거인들을 보았나니 우리는 스스로 보기에도 메뚜기 같으니 그들이 보기에도 그와 같았을 것"(민 13:33)이라고 보고한 것으로 보아 네피림의 문화는 꽤 오랫동안 지속되었던 것으로 보입니다.

문제는 마인드가 변질된 하나님의 아들들이 사람의 딸들과 결혼해서 자식을 낳았는데 장부가 태어났다는 것입니다. 게다가 용사가 되고 고대에 명성이 있는 사람들이 되었습니다. 셋의 후예 중에는 이런 장부들이 없고, 하나님을 떠난 가인의 후예들이 이름만 들어도 아는 유명인, 스타가 되었습니다. 그들이 시대를 이끌었다니 말이 됩니까?

하나님의 아들들이 사람의 딸들과 결혼해서 타락했으면 어떤 자식들이 나와야 합니까? "그것 봐. 하나님을 떠났기 때문에 그런 별 볼일 없는 자식들이 나오는 거야"라고 말해 주고 싶은데 오히려 정반대의 결과가 나왔습니다.

요즘으로 치면, 안 믿는 남편과 결혼했는데 잘난 자식이 태어난 것입니다. 이것이 무엇을 말하는 것입니까? 진정한 축복이 세상에서 능력과 권력을 가진 것이 아니라는 것입니다. 오히려 그것이 저주일 수 있다는 것입니다.

천재에다 외모도 준수하고 손대는 일마다 잘 풀리기까지 합니다. 남편이나 잘난 자식이나 둘 다 하나님을 믿을 생각조차 없습니다. 그런데도 믿는 집 아이들보다 더 잘되는 것입니다. 하지만 이게 심각한 문제입니다. 날이 갈수록 하나님으로부터 멀어지고 하나님을 우습게 보는 죄에 빠지기 쉽기 때문입니다. 하나님으로부터 버린 바된 삶을 살 수 있기 때문입니다.

가인의 후예는 성을 쌓고 도시를 만들고 문명을 이끌었습니다. 하나님을 떠났음에도 불구하고 그들이 만들어 낸 문화와 문명은 놀라웠고, 그들에게서 인재들이 태어나 용사가 되고 스타가 되었습니다. 하나님에게 돌아올 이유가 점점 없어지는 것입니다.

그러니 속지 마십시오. 진짜 무서운 것은 하나님이 내버려 두시는 것입니다. 하나님 없이 세상에서 잘나가는 것이 결코 복이 아닙니다.

징조를 모르는 게 이렇게 무섭습니다. 내일 당장 죽을 텐데 오늘은 건강해 보이니 먹고 마시는 것입니다. 그러다가 한순간에 죽습니다.

> "노아의 때와 같이 인자의 임함도 그러하리라 홍수 전에 노아가 방주에 들어가던 날까지 사람들이 먹고 마시고 장가 들고 시집 가고 있으면서 홍수가 나서 그들을 다 멸하기까지 깨닫지 못하였으니 인자의 임함도 이와 같으리라"(마 24:37-39).

노아 시대 사람들은 홍수가 임하기 전에 먹고 마시고 장가들고 시집 갔습니다. 왜 그랬을까요? 몰랐기 때문입니다. 홍수가 닥치리라고는 상상도 못했기 때문입니다.

어느 시대나 마찬가지입니다. 겉보기에는 절대 망하지 않을 것 같지만 심판이 임하는 것입니다. 노아의 후손이라고 예외는 아닙니다. 홍수 이후에 살아남은 노아에게서 네피림 후손인 아낙 자손의 거인들이 나온 것을 보십시오. 아무리 은혜를 많이 받아도 사람 중에 의인은 없습니다. 죄의 문제에 있어서만큼은 노아도 여느 사람들과 별반 다르지 않았습니다. 그가 의인일 수 있었던 것은 전적인 하나님의 은혜 덕분입니다. 그러므로 진짜 복은 하나님의 은혜가 있느냐 없느냐에 달려 있지 세상적으로 얼마나 잘나가느냐에 달려 있지 않습니다.

왜
노아인가?

하나님이 땅 위에 사람을 지으셨던 것을 한탄하셨습니다.

> "여호와께서 사람의 죄악이 세상에 가득함과 그의 마음으로 생각하는 모든 계획이 항상 악할 뿐임을 보시고 땅 위에 사람 지으셨음을 한탄하사 마음에 근심하시고 이르시되 내가 창조한 사람을 내가

지면에서 쓸어버리되 사람으로부터 가축과 기는 것과 공중의 새까지 그리하리니 이는 내가 그것들을 지었음을 한탄함이니라 하시니라"(창 6:5-7).

여기서 '보다'는 그냥 보다가 아니라 '조사하여 진단하다'라는 의미로 쓰였습니다. 한마디로 진단이 끝났다는 뜻입니다. 하나님의 진단은 이러했습니다.

"사람의 마음으로 생각하는 모든 계획이 항상 악하다."

단순히 감정적인 마음이 악하다는 것이 아니라 지정의(知情意)의 원천이 되는 본질에서 나오는 계획들이 악하다는 것입니다. 그것도 항상 악합니다. 모든 계획이 악합니다. 죄에는 방향성이 있어서 죄의 길로 계속 가게 만들기 때문입니다.

본래 창조의 의도가 깨어지고 죄악에 물들어 죽어 가는 인간들을 본 하나님이 '한탄'한다고 마음을 드러내셨습니다. 그렇다고 창조를 후회하셨다는 뜻은 아닙니다. 죄악 가운데 고통 받는 사람들만 슬픈 게 아니라 창조주 하나님도 슬퍼하신다는 뜻입니다. 이 땅을 창조한 것으로 끝내지 못하고 아버지의 마음으로 바라보시기 때문입니다. 이것이 주님의 마음입니다.

죄악이 가득한 세상을 향한 하나님의 계획은 '피조물들을 지면에서 싹 쓸어버리는 것'이었습니다. '철저히 파괴하고 말끔히 씻어 버리겠다'는 뜻입니다. 하나님은 무섭습니다. 동시에 오래 참고 기다리시는 분입니다. 오래오래 기다렸다가 바로잡을 때가 되면 확실하게 실행에 옮기시는 분입니다. 그러니 기다리실 때 순순히 돌아오는 것이 좋습니다. 한 번 바로잡으면 예외 없이 말끔히 고치시는 분이니 하루라도 빨리 회개하고 돌아오는 편이 낫습니다.

하나님이 모든 피조물을 싹 쓸어버리겠다고 하셨을 때 노아만큼은 여호와께 은혜를 입었습니다. 직역하면 '여호와의 눈 안에 은혜를 입었다'는 뜻입니다.

어린아이를 키우는 부모의 마음을 아십니까? 세 살짜리가 돌아다니면 부모의 눈은 아이의 뒤를 쫓습니다. 하나님은 더하십니다. 졸지도 않고 주무시지도 않고 항상 불꽃같은 눈으로 쳐다보십니다. "너는 내 앞에서 행하여 완전하라"(창 17:1)고 하신 하나님이 노아를 의인이라 부르셨습니다.

여호와께 은혜를 입은 노아와 패역한 세상 사람들은 어떻게 달랐을까요? 하나님 앞에 절대적 의는 없습니다. 그러나 노아는 당대에 의인이라고 불렸습니다. 왜냐면 '의'란 하나님을 바라보는가 아닌가의 문제이기 때문입니다. 악한 시대에 노아만은 하나님을 바라봤고, 하나님 앞에서 살았기 때문에 완전한 자라고 불릴 수 있었습니다.

성경에서 믿는 자들을 가리키는 표현들이 있습니다. "너는 양이다, 너는 제자다, 너는 군사다, 너는 자녀다…." 사실 엄밀하게 말하자면 이것들은 믿는 자를 가리키는 게 아니라 하나님과 믿는 자의 관계를 가리키는 것입니다.

"하나님은 목자이시고 너는 양이다."

"하나님은 스승이시고 너는 제자다."

"하나님은 대장이시고 너는 군사다."

"하나님은 아버지이시고 너는 자녀다."

피조물은 하나님 없이 독립적으로 존재할 수 없습니다. 하나님에게 의존해야 살 수 있습니다. 하나님이 주신 시간과 공간 안에서만 살 수 있고 벗어나면 살 수가 없습니다.

인간 실존의 특징은 두 가지로 요약할 수 있습니다. 죄의식과 교만입니다. 원죄 때문에 영혼에 뿌리 깊은 죄의식이 있습니다. 게다가 흙으로 지어졌으니 한계가 있을 수밖에 없습니다. 반면에 자기 힘으로 이룰 수 있다고 믿는 교만이 있습니다. 스스로 온전해질 수 있다고 착각합니다.

그러나 인간은 하나님 없이는 온전해질 수 없습니다. 하나님만이 스스로 존재하십니다. 인간은 하나님과의 관계 안에서만 온전해집니다. 인간은 독립적일 수가 없습니다. 다분히 의존적입니다. 줄기에 붙어 있어야 열매를 맺을 수 있는 의존적인 존재입니다. 가지가 줄기에 붙어 있어야 온전해지듯이 말입니다.

군사는 대장의 명령에 따라야 온전합니다. 자녀는 부모에게 순종해야 온전합니다. 성경에서 말하는 '온전하다'는 것은 그 스스로 완전하다는 뜻이 아니라 하나님과의 관계가 온전하다는 뜻입니다.

노아가 완전한 의인일 수 있었던 것은 하나님을 의존하며 하나님 앞에 있었기 때문입니다. 이것이 동행입니다.

칠할 것으로
칠하라

하나님이 므두셀라를 통해 에녹에게 동행이 무엇인지 가르쳐 주셨듯이
동행이란 하나님과 함께 길을 걷고 하나님의 방식대로 삶을 사는 것입
니다. 노아도 에녹과 같은 삶을 살았습니다. 그런데 당시 세상은 어땠습
니까?

> "그때에 온 땅이 하나님 앞에 부패하여 포악함이 땅에 가득한지라"
> (창 6:11).

여기서 '포악함'은 '잡아 찢다, 넘어뜨리다'라는 뜻입니다. 약육강식
이라는 힘의 논리가 지배하던 시대였습니다. 게다가 땅이 어찌나 부패
했던지 "땅에서 모든 혈육 있는 자의 행위가 부패"(창 6:12)했습니다.

당대에 의인인 노아와 부패하고 포악했던 세상 사람들을 비교함으
로써 노아가 어떻게 하나님의 은혜를 받고 구원을 받았는지를 보여 줍
니다.

노아는 여호와께서 저주하신 땅에서 "수고롭게 일하는 사람들을 안
위"(창 5:29)한다는 뜻의 이름을 가졌습니다. 여기서 '안위'란 '쉬다, 앉다,
휴식하다'는 뜻입니다. 그런데 재미있게도 '은혜(חן)'라는 단어에서 자음
만 바꾸면 노아(נח)가 됩니다.

하나님은 천지를 창조하시고 나서 아담과 하와에게 안식일을 주셨습니다. 그러나 죄로 말미암아 그만 안식이 깨지고 말았습니다. 하나님은 부패하고 포악한 시대에 노아를 통해 안식의 회복이라는 은혜를 주고자 하셨습니다. 안식의 회복은 곧 구원을 의미합니다.

하나님이 드디어 심판의 때가 이르렀음을 노아에게 말씀하셨습니다.

> "하나님이 노아에게 이르시되 모든 혈육 있는 자의 포악함이 땅에 가득하므로 그 끝 날이 내 앞에 이르렀으니 내가 그들을 땅과 함께 멸하리라"(창 6:13).

창세 때 땅이 혼돈하고 공허하며 흑암이 깊음 위에 있을 때 하나님의 영이 수면 위에 운행하심으로써 창조를 시작하셨듯이 하나님은 부패하고 포악한 시대를 땅과 함께 멸하는 것으로 재조정하기로 하셨습니다. 오직 노아의 가족과 하나님 앞으로 나아올 피조물들만이 살아남을 것입니다.

> "너는 고페르 나무로 너를 위하여 방주를 만들되 그 안에 칸들을 막고 역청을 그 안팎에 칠하라"(창 6:14).

노아는 하나님의 말씀을 좇아 방주를 짓기 시작했습니다. 고페르 나무가 정확히 어떤 나무인지는 알 수 없지만 나무를 패서 방주를 지었는데 칸을 구분하여 만들었습니다. 여기서 '칸'이란 '둥지, 보금자리'를 뜻합니다. 방주 안에 다양한 피조물들의 보금자리를 마련하게 하신 것입니다.

또 역청을 안팎에 칠하게 하셨는데 일본어 구어역 성경에서는 역청을 '아스팔트'로 번역했습니다. 그러나 원어에는 '역청'은 '칠하라'란 동사에서 유래한 말로 두 단어가 동일한 어근의 말입니다. 따라서 본문은 '칠하다'라는 뜻의 역청을 안팎으로 칠하라고 하셨으니 '칠할 것으로 칠하라' 또는 '덮을 것으로 덮어라'라는 뜻이 됩니다. 완전히 제대로 막으라는 의미입니다.

재미있는 것은 출애굽기에 역청과 비슷한 뜻의 단어가 등장한다는 것입니다.

> "아론이 일 년에 한 번씩 이 향단 뿔을 위하여 속죄하되 속죄제의 피로 일 년에 한 번씩 대대로 속죄할지니라 이 제단은 여호와께 지극히 거룩하니라"(출 30:10).

> "네가 이스라엘 자손의 수효를 조사할 때에 조사 받은 각 사람은 그들을 계수할 때에 자기의 생명의 속전을 여호와께 드릴지니 이는 그것을 계수할 때에 그들 중에 질병이 없게 하려 함이라"(출 30:12).

여기서는 '역청'이 '속죄' 또는 '속전'으로도 쓰였고, '칠하다'는 '속죄하다' 또는 '사하다'로 쓰였습니다. 따라서 '역청을 칠하라'는 것은 '속전으로 속죄하라'는 뜻으로 해석될 수 있습니다.

궁창 위아래 물이 다 터지고 샘솟아 온 땅이 물로 뒤덮일 예정입니다. 그 물 위에서 버틸 방주를 만드는 것입니다. 아무리 잘 만든다고 해도 물이 전혀 새지 않고 배가 전혀 깨지지 않는다고 누가 보장하겠습니까? 그러나 하나님이 '칠할 것으로 칠하라'고 하신 말씀에 순종했기 때문에 물의 심판에서도 거대한 방주가 안전하게 떠 있을 수 있었습니다. 이것 또한 하나님의 은혜입니다.

마치 출애굽할 때 문지방과 문설주에 양의 피를 발라서 이스라엘이 장자의 죽음을 피할 수 있었던 것처럼 말입니다. 그런데 실은 장자를 대신하여 양이 죽었습니다. 양이 대신 죽었기 때문에 죽음이 피해 갔습니다. 하나님이 말씀하신 대로 죽을 것으로 죽였기 때문에, 칠할 것으로 칠했기 때문에 구원이 임했던 것입니다.

문지방과 문설주에 개의 피를 바르면 어떻게 됐을까요? 개만 억울하게 희생되고 장자가 죽었을 것입니다. 문설주에 피를 발랐는데도 말입니다. 왜 그렇습니까? 하나님이 말씀하신 '칠할 것'이 아니기 때문입니다. 피를 바르는 게 중요한 게 아니라 하나님의 말씀에 순종하는 것이 중요합니다.

유월절 어린 양의 피가 있어야 구원을 받을 수 있습니다. 마찬가지로 그리스도의 보혈이 있어야 구원 받을 수 있습니다. '칠할 것'으로 칠해야 구원 받을 수 있는 것입니다.

노아의 방주가 단순히 매뉴얼에 따라서 지어지지 않고 하나님이 말씀하신 재료와 방법대로 지어졌기 때문에 구원의 방주가 될 수 있었습니다.

베드로는 노아의 방주가 곧 세례를 의미한다고 말했습니다.

> "그들은 전에 노아의 날 방주를 준비할 동안 하나님이 오래 참고 기다리실 때에 복종하지 아니하던 자들이라 방주에서 물로 말미암아 구원을 얻은 자가 몇 명뿐이니 겨우 여덟 명이라 물은 예수 그리스도께서 부활하심으로 말미암아 이제 너희를 구원하는 표니 곧 세례라 이는 육체의 더러운 것을 제하여 버림이 아니요 하나님을 향한 선한 양심의 간구니라"(벧전 3:20-21).

역청을 안팎에 바른 방주에 있던 자들이 물에서 구원받았듯이, 세례는 예수 그리스도의 보혈로 말미암아 우리를 구원하는 표입니다. '칠할 것으로 칠했다'는 사실이 중요합니다. 결국 하나님의 방법대로 순종한 것이 중요한 것입니다.

거룩을
배우다

노아가 만든 방주는 그 크기가 어마어마했습니다.

"네가 만들 방주는 이러하니 그 길이는 삼백 규빗, 너비는 오십 규 빗, 높이는 삼십 규빗이라 거기에 창을 내되 위에서부터 한 규빗에 내고 그 문은 옆으로 내고 상 중 하 삼층으로 할지니라 내가 홍수를 땅에 일으켜 무릇 생명의 기운이 있는 모든 육체를 천하에서 멸절 하리니 땅에 있는 것들이 다 죽으리라 "(창 6:15-17).

길이 136.8미터에 너비가 22.8미터, 높이가 13.7미터로 아파트 5층 높 이입니다. 그 높은 천장에서부터 1규빗, 즉 약 46센티미터 아래에 창을 내되 옆으로 내고 3층으로 지으라고 하셨습니다. 모두가 1년 정도 갇혀 지내야 했으니 그 정도 높이는 되어야 했을 것입니다.

하나님이 홍수를 일으켜 천하에서 모든 생명을 멸하리라고 하셨을 때 과연 노아는 홍수가 어느 정도의 규모가 될지 짐작이나 했을까요? 아직 겪어 보지 않은 일이기에 모든 것이 막연했을 것입니다.

우리도 마찬가지입니다. 주님의 재림을 기다리지만 언제 오실지는 알 수 없습니다. 요한계시록을 보십시오.

"첫째 천사가 나팔을 부니 피 섞인 우박과 불이 나와서 땅에 쏟아지 매 땅의 삼분의 일이 타 버리고 수목의 삼분의 일도 타 버리고 각종 푸른 풀도 타 버렸더라"(계 8:7).

불이 땅에 쏟아지리라 하셨지만 어떤 모습으로 어떻게 얼마나 오는지는 모르지 않습니까?

노아는 하나님의 말씀이 언제 어떻게 이루어질지 모르는 상태에서 믿음으로 구원을 준비했습니다. 구원은 자기의 경험에서 나오는 것이 아니라는 걸 알았기 때문입니다. 구원은 오로지 하나님의 주권이요 능력입니다.

하나님은 노아와 언약을 세우셨습니다.

> "그러나 너와는 내가 내 언약을 세우리니 너는 네 아들들과 네 아내와 네 며느리들과 함께 그 방주로 들어가고 혈육 있는 모든 생물을 너는 각기 암수 한 쌍씩 방주로 이끌어들여 너와 함께 생명을 보존하게 하되 새가 그 종류대로, 가축이 그 종류대로, 땅에 기는 모든 것이 그 종류대로 각기 둘씩 네게로 나아오리니 그 생명을 보존하게 하라"(창 6:18-20).

원래 '언약'은 '자르다'는 뜻으로 당사자 중에 한 사람이라도 어기면 동물이 잘라지듯 저주를 받는다는 것에서 유래했습니다. 그러나 '언약'을 맺은 자들끼리는 '언약'에 서로 묶이기 때문에 여기서 언약은 '묶다'라는 의미도 있습니다. 즉 노아를 하나님의 말씀으로 묶으시겠다는 뜻입니다.

20절에 반복해서 나오는 "종류대로"가 눈길을 끕니다. 어디서 많이 봤던 단어가 아닙니까? 그렇습니다. 세상을 창조하신 다섯째, 여섯째 날에 생물을 각기 '종류대로' 지으셨다고 수차례 반복해서 말씀하신 적이 있습니다. 왠지 천지창조의 느낌이 나지 않습니까?

이것은 무얼 의미합니까? 비록 하나님이 홍수를 일으켜 모든 육체를 천하에서 멸절하기로 하셨으나 멸절 후에 새로 만드시는 것이 아니라 피조물들을 보존하기 원하셨다는 것을 의미합니다. 창조 당시의 피조물들이 망가지지 않게 보존하기를 원하셨던 것입니다.

그런데 6장 19절과 20절에서는 '모든 생물을 암수 한 쌍씩' 나아오게 하라고 하셨는데 7장을 보면 나아오는 마리 수가 달라진 것을 알 수 있습니다.

"너는 모든 정결한 짐승은 암수 일곱씩, 부정한 것은 암수 둘씩을 네게로 데려오며"(창 7:2).

이것을 두고 홍수가 두 번에 걸쳐서 일어났다고 해석하는 사람도 있지만 그렇지 않습니다. 성경의 표현 방식이 조금 다를 뿐입니다. 성경은 먼저 핵심을 던져 놓고 나중에 자세하게 풀어내는 방식으로 이야기를 진행하기 때문입니다.

중요한 것은 왜 앞에서는 한 쌍이라고 하고 뒤에서는 일곱씩이라고 하셨는가 하는 문제입니다. 먼저 방주에 들어갈 동물들을 종류대로 넣으라고 말씀하셨다는 것에 주목해야 합니다. 이것은 처음부터 창조의 원칙을 파괴하지 않고 보존하는 방식을 택하셨다는 뜻입니다. 즉 암수를 넣음으로써 피조물들이 생육하고 번성하기를 원하셨던 것입니다.

따라서 6장에서는 생육하고 번성하는 창조의 원칙을 지킬 수 있도록 암수 한 쌍이 필요하다는 것을 보여 주신 것입니다.

> "혈육 있는 모든 생물을 너는 각기 암수 한 쌍식 방주로 이끌어들여 너와 함께 생명을 보존하게 하되"(창 6:19).

그렇다면 왜 7장에서는 정결한 동물은 일곱씩, 부정한 동물은 둘씩이라고 하셨을까요? 일곱씩이란 것이 일곱 쌍을 뜻하는지 아니면 세 쌍과 하나를 뜻하는지는 알 수 없습니다. 다만 7은 완전수이며 완전수는 거룩을 뜻한다는 것이 중요합니다.

나중에 방주에서 나온 노아가 하나님께 번제를 올리게 됩니다.

> "노아가 여호와께 제단을 쌓고 모든 정결한 짐승과 모든 정결한 새 중에서 제물을 취하여 번제로 제단에 드렸더니"(창 8:20).

구원은 스스로 얻는 게 아니라 누군가가 대가를 치러서 주어지는 것입니다. 따라서 구원은 거룩한 것입니다. 즉 완전수 7을 통해서 거룩을 나타낸 것입니다. 또한 암수 한 쌍은 천지창조를 연상시킵니다.

그런데 부정한 동물은 왜 넣으셨을까요? 여기서 말하는 '부정'은 레위기에서 언급되는 '더러운 것'과는 그 의미가 다릅니다. 1급 청정수가 아니라고 해서 더럽다고 할 수는 없지 않습니까? 방주에 더러운 동물들이 들어갔다는 뜻이 아니라 '덜 정한' 동물들이라고 봐야 옳습니다.

창세기는 출애굽한 이스라엘 백성에게 들려주신 말씀이라는 것을 기억하십시오. 이스라엘 백성은 곧 레위기에 기록된 각종 율법을 배우게 될 것입니다. 실제로 레위기에서는 정한 것과 부정한 것의 구분이 많이 등장합니다.

즉 이스라엘 백성에게 거룩함을 가르치기 위해서 거룩한 것과 그렇지 않은 것을 구분하여 쓴 것입니다. 단순히 더럽다는 뜻이 아니라 정한 것과 그렇지 않은 정도의 구분입니다.

하나님은 방주에 들어간 노아와 그 가족에게 거룩이 무엇인지 가르치기 시작하신 것입니다. 그래서 방주에서 나온 노아가 번제를 드릴 수 있었습니다. '단'이란 말이 이때 처음 등장했습니다. 노아는 하나님께 드려지는 것이 받으실 만한 것이 되기 위해서는 정해야 한다는 것을 배웠습니다.

그런데 레위기에서는 왜 정한 것과 부정한 것을 엄격히 구분할까요? 하나님께 온전히 순종하는 법을 가르치기 위해서입니다. 태초에 아담과 하와에게 선악과를 주셨듯이 말입니다. 선악과라는 특정한 나무가 따로 있었던 것이 아니듯이 하나님이 지명하신 것을 기준으로 정한 것과 부정한 것, 즉 거룩한 것과 덜 거룩한 것을 구분했을 뿐입니다. 하나님의 기준이 율법이 되면서 더 구체화된 것입니다. 부정한 동물은 그 자체가 더러운 게 아니라 하나님이 부정하다 하셨기 때문에 부정한 것입니다.

유대인들은 돼지고기를 먹지 않습니다. 그 맛있는 고기를 왜 안 먹습니까? 하나님이 부정한 동물이라 먹지 말라고 하셨기 때문입니다. 그게 이유입니다. 돼지고기에 독성이 있기 때문이 아닙니다.

거룩이란 하나님을 닮아 가는 것입니다. 하나님을 닮아 가려면 닮아 가는 데 방해되는 것을 버려야만 합니다. 한 여자와 결혼하기 위해서는 다른 수많은 여자를 버려야 하는 것과 같은 이치입니다. 이 땅에 살면서 하나님을 닮아 가려면 버려야 할 것이 있다는 것을 가르쳐 주신 것입니다.

이 땅에서의 삶은 선택의 연속일 수밖에 없습니다. 마귀가 끊임없이 공격하기 때문입니다. 영화 보는 게 죄는 아닙니다. 그러나 경우에 따라 죄가 될 수 있습니다. 다음 날 중요한 시험이 있는데도 밤새 영화만 봤다면 그것은 성실하지 못한 죄입니다.

이스라엘 백성은 율법을 통해 하나님이 거룩하다 하신 것을 취하기 위해 다른 것을 버리는 훈련을 한 것입니다. 그러나 지금은 어떻습니까? 예수 그리스도로 말미암아 율법이 완성된 지금은 정한 것과 부정한 것을 구분하지 않습니다. 왜냐면 거룩은 선택이라는 원리를 이미 인지하고 있기 때문입니다.

씨를
보전하라

방주는 칠할 걸로 칠했기 때문에 거룩했습니다. 거룩한 방주에 정한 동물과 부정한 동물을 구분하여 태움으로써 창조의 원칙을 보존하면서도 거룩의 기준을 배우게 하셨습니다.

그런데 놀랍지 않습니까? 그렇게 대단해 보이지 않는 피조물들까지도 종류대로 보존하기를 원하셨다니 말입니다. 예수님이 "오늘 있다가 내일 아궁이에 던져지는 들풀도 하나님이 이렇게 입히시거든 하물며 너희일까 보냐 믿음이 작은 자들아"(마 6:30)라고 하신 말씀이 머릿속에 떠오릅니다. 예수님이 얼마나 답답하셨으면 "들의 백합화가 어떻게 자라는가 생각하여보라 수고도 아니하고 길쌈도 아니하느니라 그러나… 솔로몬의 모든 영광으로도 입은 것이 이 꽃 하나만 같지 못하였느니라"(마 6:28-29)고 말씀하셨을까요? 하물며 인간인데 오죽 사랑하시겠습니까?

하나님은 창조하신 것들 중에 어떤 것도 망가지기를 원하지 않으셨습니다. 이것이 창조주의 마음이요 아버지의 마음입니다. 그래서 종류대로 방주에 태우셨고, 방주 안에 안식을 주셨습니다. 단순히 인간만 구원하지 않고 모든 피조물을 구원하신 것은 피조 세계에 하나님의 안식이 있기를 소망하셨기 때문입니다. 이렇듯 구원은 인간의 문제만이 아니며 한 개인의 문제는 더더욱 아닙니다. 구원은 모든 피조물이 바라는 바입니다.

방주를 통해 배운 거룩의 개념은 아브라함에 이르러서는 하나님의 언약과 준행으로 이어집니다.

"말씀에 순종하는 자가 의인이며 하나님과 동행하는 자다."

"순종하지 않는 자는 악인이며 하나님을 거스르는 자다."

이것을 배우기 위해 방주에서부터 정한 것과 부정한 것을 가르쳐 주셨습니다.

노아는 방주를 지으라는 말씀을 들은 순간부터 방주에 들어가기까지 거룩을 선택하는 법을 배웠고 하나님과 동행했습니다. 그 부패하고 죄악이 가득한 세대에서 120여 년 동안 하나님의 말씀을 준행하기 위해 세상으로부터 왕따가 되기를 기꺼이 선택했습니다. 언제 일어날지 알 수 없는 일을 대비하여 말씀하신 대로 방주를 짓느라 내내 바보 취급을 받아야 했습니다. 그러나 하나님은 그가 '하나님 앞에 의로움'을 보셨다고 하셨습니다. 하나님으로부터 인정을 받은 것입니다. 선택의 연속인 삶에서 믿음의 선택을 하고 그 선택을 지키기 위해 싸우는 것이 거룩입니다.

"공중의 새도 암수 일곱씩을 데려와 그 씨를 온 지면에 유전하게 하라"(창 7:3).

'씨를 보전하는 것'이 하나님이 방주를 만드신 이유이자 하나님의 마음입니다. 하나님은 창조하신 것을 버리지 않고 결국은 회복시키길 원하셨습니다.

하나님의 그런 마음을 알았기에 모세는 담대하게 하나님 앞에 나아갈 수 있었습니다. 그런데 모세가 십계명을 받는 동안 아론과 이스라엘 백성이 금송아지를 부어 만들었을 때 하나님은 격노하셨습니다.

"여호와께서 또 모세에게 이르시되 내가 이 백성을 보니 목이 뻣뻣한 백성이로다 그런즉 내가 하는 대로 두라 내가 그들에게 진노하여 그들을 진멸하고 너를 큰 나라가 되게 하리라"(출 32:9-10).

그때 모세가 무어라 했습니까?

"모세가 그의 하나님 여호와께 구하여 이르되 여호와여 어찌하여 그 큰 권능과 강한 손으로 애굽 땅에서 인도하여 내신 주의 백성에게 진노하시나이까 어찌하여 애굽 사람들이 이르기를 여호와가 자기의 백성을 산에서 죽이고 지면에서 진멸하려는 악한 의도로 인도해 내었다고 말하게 하시려 하나이까 주의 맹렬한 노를 그치시고 뜻을 돌이키사 주의 백성에게 이 화를 내리지 마옵소서"(출 32:11-12).

심지어는 생명책에서 자기의 이름을 지워 달라고까지 했습니다. 모세는 여호와 하나님의 마음을 알았던 것입니다. 창조하신 피조물들을 보전하고 싶어 하시는 마음을 알기 때문에 목숨을 걸고 중보할 수 있었습니다.

방주에 실릴 피조물들을 위해 하나님은 노아에게 "먹을 모든 양식을 네게로 가져다가 저축하라"(창 6:21)고 하셨습니다. 모든 피조물이 1년 동안 먹을 양식이니 얼마나 그 종류가 다양하고 많았겠습니까?

게다가 사자나 호랑이는 먹거리를 어떻게 해결했을까요? 방주에 갇힌 동안만 금식하자고 했을까요? 어떻게 연약한 동물들이 맹수와 한 배를 탈 수 있었을까요? 답은 간단합니다. 그때는 약육강식의 시대가 아니었던 것입니다. 아마 사자도 풀을 먹었을 것입니다. 육식은 홍수 이후에나 허락되었으니까 말입니다. 그렇다면 과연 공룡도 방주에 올랐을까요? 지금으로선 확실히 알 길이 없습니다.

전도사 시절에 하나님이 '바퀴벌레'를 창조했냐고 심각하게 묻는 유치부 아이가 있었습니다. 하나님이 창조한 것들이면 천국에 가면 모두 있을 텐데 자기는 바퀴벌레가 있는 천국에는 가기 싫다는 것이었습니다. 우리도 이 아이처럼 '왜 이런 혐오스러운 것을 하나님이 만드셨을까' 하는 의문을 한 번쯤은 가져 본 적이 있을 것입니다.

성경은 인간이 죄로 타락한 이후 하나님이 창조하지 않은 것들이 생겨났다고 말해 줍니다. 땅이 저주를 받아 가시덤불과 엉겅퀴를 냈던 것처럼 돌연변이들이 나타났습니다. 전에는 없던 것들이 세상에 퍼져 나갔습니다. 바퀴벌레처럼 혐오스럽거나 인간에게 해악을 끼치는 것들은 저주 받은 땅이 황폐해지면서 나타난 돌연변이일 것입니다. 만약 바퀴벌레도 창조하셨다면 나중에 천국에 가면 혐오스럽지 않은 것으로 변화할 것이라고 믿습니다. 내 머리에서 머리카락이 나듯이 흉한 모습이 아름답게 변하든지 아니면 사라질 것입니다. 가시덤불과 엉겅퀴도 사라질 것입니다. 왜냐하면 창조 때 지어진 피조물이 아니기 때문입니다.

이것은 진화론과는 다른 개념입니다. 하나님이 창조하신 것들에서 비정상적인 것들이 파생되어 나왔다는 의미입니다. 인간부터가 창조 때와 달리 원죄를 가진 존재가 되지 않았습니까? 비정상적인 존재가 된 것입니다.

죄 때문에 피조 세계가 파괴되었습니다. 그 대표적인 예가 바로 가인입니다. 타락한 이후에 태어난 인간은 죄성을 가지고 태어나게 되었고, 결국 하나님의 말씀을 거스르고 살인까지 저지르는 인류가 탄생하게 되었습니다. 가인이 아벨을 죽임으로써 아벨의 피가 땅에 떨어지자 땅이 더욱 피폐해졌고 인간을 공격하기 시작했습니다.

땅이 공격했다는 것은 천재지변도 있겠지만 전갈이나 바퀴벌레와 같은 독하고 더러운 것들을 내기 시작했다는 의미이기도 합니다. 땅의 쓴 뿌리로부터 인간을 해치는 것들이 나오기 시작한 것입니다.

사실 사자도 창조 때와 비교하면 돌연변이가 된 것입니다. 원래는 풀을 먹어야 합니다. 당시에는 사자도 인간도 육식을 하지 않았습니다. 육식 자체가 돌연변이의 증거입니다.

구원과 심판을
가르는 것

노아는 하나님이 말씀하신 대로 모두 준행했습니다.

> "하나님이 노아에게 명하신 대로 암수 둘씩 노아에게 나아와 방주로
> 들어갔으며 칠 일 후에 홍수가 땅에 덮이니 노아가 육백 세 되던 해
> 둘째 달 곧 그 달 열이렛날이라 그 날에 큰 깊음의 샘들이 터지며 하
> 늘의 창문들이 열려 사십 주야를 비가 땅에 쏟아졌더라"(창 7:9-12).

사십 주야 동안 비가 쏟아졌습니다. 성경에서 40일은 고난과 새롭게
함을 뜻합니다. 고난을 통해 정결해져서 새롭게 되는 것을 나타낼 때 자
주 쓰이는 숫자입니다. 출애굽한 이스라엘 백성의 40년 광야 생활, 가
나안 땅의 40일 정탐, 모세가 십계명을 받기 위해 하나님 앞에 있었
던 40일, 예수님의 40일 기도…. 모두 고난과 역경을 통해서 하나님이
새로운 국면으로 이끄실 때 사용되었습니다.

40일간 비가 내렸다는 것은 단순히 큰 홍수가 났다는 것을 떠나서 세
상이 새롭게 씻음 받았다는 뜻이 포함되어 있습니다. 심판의 의미와 함
께 세례의 의미가 있는 것입니다.

> "그들은 전에 노아의 날 방주를 준비할 동안 하나님이 오래 참고 기

다리실 때에 복종하지 아니하던 자들이라 방주에서 물로 말미암아 구원을 얻은 자가 몇 명뿐이니 겨우 여덟 명이라 물은 예수 그리스도께서 부활하심으로 말미암아 이제 너희를 구원하는 표니 곧 세례라 이는 육체의 더러운 것을 제하여 버림이 아니요 하나님을 향한 선한 양심의 간구니라"(벧전 3:20-21).

하나님의 심판은 믿지 않는 자에게는 두려움이지만 믿는 자에게는 구원입니다. 성령이 오심으로써 성령을 받는 자는 구원의 표를 받을 것이고, 받지 못하는 자는 심판을 받을 것입니다. 즉 성령의 임재 자체가 심판이 되는 것입니다.

따라서 한번 이루어진 구원은 취소되지 않습니다. 한번 이루어진 세례는 취소될 수 없다는 뜻입니다. 하나님이 홍해를 가르셨습니다. 인간 앞에 길이 없을 때 하나님이 구원의 길을 열어 주신 것이 홍해를 가르신 일입니다. 그러나 이스라엘 백성이 건넌 다음에는 다시 바닷길을 닫아 버리셨습니다. 일단 바닷길을 건넜으면 다시 돌아갈 수가 없는 법입니다.

구원은 취소되지 않지만 구원 받은 자녀답게 살지 못하는 것이 문제입니다. 그것은 인간의 문제입니다. 구원이 취소되려면 하나님이 취소하셔야 합니다. 구원은 하나님께 속한 영역이기 때문입니다. 그런데 하나님은 절대로 취소하지 않으십니다. 피조물들을 방주에 실어 보전하시는 것이 하나님의 마음이기 때문입니다.

40일 동안 비가 내렸다는 것은, 방주에 탄 노아의 가족과 피조물들에게는 새로운 출발을 의미했지만 방주 바깥에 있던 사람들과 피조물들에게는 심판을 의미했습니다. 지면에서 쓸어버리는 심판이었습니다.

노아는 어떻게 구원의 방주에 올랐습니까? 하나님의 말씀을 다 준행했습니다. 하나님의 말씀을 준행하는 것은 하나님의 은혜를 입고 하나님 앞에 쓰임 받는 자들의 특성입니다. 하나님 앞에 축복을 받은 자의 삶의 모습은 언약의 말씀에 순종하고 동행하는 것으로 나타나게 되어 있습니다.

방주는
삶과 죽음을 가른다

하나님의 섭리에 따라 홍수가 땅을 덮었습니다.

> "노아가 육백 세 되던 해 둘째 달 곧 그 달 열이렛날이라 그 날에 큰 깊음의 샘들이 터지며 하늘의 창문들이 열려 사십 주야를 비가 땅에 쏟아졌더라"(창 7:11-12).

여기서 '터지다'는 '쪼개지다, 깨어지다, 작게 부서지다'라는 뜻입니다. 땅이 진동했다는 뜻입니다. 땅이 갈라지고 깨어지면서 솟구쳤다는 것입니다. 땅뿐 아니라 하늘의 창문, 즉 궁창이 열려 비가 쏟아져 내렸습니다.

이와 비슷한 풍경이 마태복음에도 등장합니다.

"그러므로 누구든지 나의 이 말을 듣고 행하는 자는 그 집을 반석 위에 지은 지혜로운 사람 같으리니 비가 내리고 창수가 나고 바람이 불어 그 집에 부딪치되 무너지지 아니하나니 이는 주추를 반석 위에 놓은 까닭이요"(마 7:24-25).

비가 내리고 창수가 났습니다. '창수(漲水)'란 '큰물이 져서 넘치는 것'을 가리킵니다. 위아래 샘의 근원이 모두 터진 것입니다. 게다가 세찬 바람까지 불었습니다. 어떤 상황입니까? 환난입니다. 위에서 붓고 밑에서 터지고 옆에서 때리는 상황입니다.

그런데도 반석 위에 지은 집은 괜찮다고 합니다. 바로 노아의 방주를 가리키는 것입니다. 아무리 심한 환난이 들이닥쳐도 하나님의 말씀을 준행하는 자는 은혜를 입는다는 뜻입니다.

"홍수가 땅에 사십 일 동안 계속된지라 물이 많아져 방주가 땅에서 떠올랐고 물이 더 많아져 땅에 넘치매 방주가 물 위에 떠다녔으며 물이 땅에 더욱 넘치매 천하의 높은 산이 다 잠겼더니 물이 불어서 십오 규빗이나 오르니 산들이 잠긴지라"(창 7:17-20).

그러나 에베레스트 산은 노아의 홍수 때 천지가 개벽한 이후 생긴 산이기에 홍수 때 가장 큰 산이 에베레스트 산이 아닐 가능성이 있습니다. 분명한 것은 그 당시 가장 높은 산까지 물이 덮였다는 것입니다.

물이 급격히 불어났음을 알 수 있습니다. 물이 점점 차올라 마침내 방주가 물 위에 떴습니다. 급기야 천하의 높은 산이 다 잠길 정도로 물이 차올랐습니다. 지구가 둥글고 한 덩어리인데 근동 지역의 높은 산만 잠길 정도로 물이 차올랐다는 것이 말이 됩니까? 온 세상이 물에 잠긴 것입니다.

15규빗이면 약 7미터에 해당합니다. 천하의 높은 산 위로 약 7미터 높이로 물이 차올랐다는 뜻입니다. 지금으로 치면 해발 8,848미터나 되는 에베레스트 산보다 7미터나 더 높게 물이 찼다는 뜻입니다. 그래야만 노아의 방주가 암초에 걸리는 일이 없었을 것입니다.

"땅 위에 움직이는 생물이 다 죽었으니 곧 새와 가축과 들짐승과 땅에 기는 모든 것과 모든 사람이라 육지에 있어 그 코에 생명의 기운의 숨이 있는 것은 다 죽었더라 지면의 모든 생물을 쓸어버리시니 곧 사람과 가축과 기는 것과 공중의 새까지라 이들은 땅에서 쓸어버림을 당하였으되 오직 노아와 그와 함께 방주에 있던 자들만 남았더라"(창 7:21-23).

40일이 지나자 구원과 심판이 극명하게 대조됩니다. 땅 위에 움직이는 모든 생물이 죽었습니다. 그러나 방주에 타고 있던 노아의 가족과 피조물들만이 살아남았습니다.

> "육지에 있어 그 코에 생명의 기운의 숨이 있는 것은 다 죽었더라"
> (창 7:22).

홍수로 인한 심판은 물고기보다 땅의 모든 생물을 심판하는 데 목적을 가지고 있었습니다. 여기서 "육지에 있어"는 바다, 호수, 강과 구별되는 건조한 땅을 가리키는 것인데, 이 용어가 특별히 사용된 것은, 홍수 심판이 물고기보다 땅의 생물에게 집중되었음을 보여 주기 위함입니다. 하나님께서 천지를 창조하시고 6일째 땅의 생물들과 사람을 창조하셨습니다. 사람은 모든 피조물의 대표자로서 사람의 타락은 모든 피조 세계의 타락을 가져왔습니다. 첫 번째 심판은 흙으로 지어진 사람과 땅과 연관이 되는 모든 생물을 심판하는 데 목적을 가지고 있습니다. 아담의 타락으로 인해 사람의 근원인 땅이 저주를 받았고, 가인의 살인으로 인해 땅이 더한 고통에 빠졌습니다. 땅의 심판인 것입니다. 그러나 다음에는 온 천하가 함께 심판을 받을 것입니다. 그때는 물고기도 예외일 수 없습니다.

그런데 흥미로운 것은 지면의 모든 생물이 물에 빠져 죽었는데도 '익사'라는 표현을 쓰지 않고 그냥 '죽었다'고만 한 것입니다. 왜 그렇습니까? 재난으로 죽은 것이 아니라는 뜻입니다. 어쩌다 보니 홍수가 나서 재수 없어서 죽은 게 아니라는 것입니다. 그래서 의도적으로 '익사'라는 표현을 쓰지 않았습니다.

홍수는 하나님의 엄중한 심판이었기 때문입니다. 하나님의 심판을 받아 모든 생물이 '다' 죽었다고 강조합니다. 이렇게 방주 바깥에 있던 땅의 모든 피조물이 죽어 갈 때 '오직' 방주에 오른 노아와 그 가족 그리고 피조물들만이 살 수 있었습니다.

성경에서 구원을 설명할 때 개개인보다는 장소적인 개념을 들어 표현할 때가 많습니다. 유월절에 문설주에 바른 양의 피가 그렇습니다. 양의 피를 바른 곳은 죽음이 넘어갔습니다. 이스라엘 백성의 집이라도 양의 피를 바르지 않았다면 분명히 그 집의 장자는 죽임을 당했을 것입니다.

또 여리고 성에서 여호수아가 파견한 두 정탐꾼을 자기 집에 숨겨 주었던 라합이 구원받는 과정도 그렇습니다.

> "우리가 이 땅에 들어올 때에 우리를 달아 내린 창문에 이 붉은 줄을 매고 네 부모와 형제와 네 아버지의 가족을 다 네 집에 모으라"
>
> (수 2:18).

붉은 줄을 맨 라합의 집은 살육을 면했습니다. 라합만 살려도 되는데 그와 함께 있던 가족도 구원을 받았습니다.

이 개념은 매우 중요합니다. 방주에 들어가면 살고 방주에 들어가지 못하면 죽음입니다. 할례를 받았다고 하더라도 구원의 장소에 들어가지 않으면 죽는 것입니다. 반대로 하나님이 구원하시는 방식에 따라 그 안에 들어간 사람들은 공동으로 구원을 받습니다. 이것이 구원입니다. 개인적인 고백을 넘어선 사건이라는 뜻입니다.

"나는 하나님을 믿어"라고 고백하면서도 주일에 예배는 안 드리고 산에 있는 절에 놀러 간다면 그것이 과연 믿는 것입니까? 어거스틴이 왜 교회 밖에는 구원이 없다고 한 줄 아십니까? 하나님의 구원은 노아의 방주처럼 이스라엘 안에, 회막 안에, 교회 안에 공동체적으로 이루어지기 때문입니다. 하나님은 이스라엘 공동체 안에서 역사하셨습니다. 이스라엘 백성 전부가 유월절과 출애굽을 겪게 하셨습니다.

물론 구원은 개인적인 고백을 통해서 이루어집니다. 그러나 구원받은 성도들이 가야 되는 하나님의 나라는 공동체입니다. 즉 구원의 완성은 하나님나라에서 이루어지는데 이 구원의 과정은 이 땅에서 교회라는 공동체를 통해서 배워 갑니다. 구원이 개인적인 고백을 넘어선다는 것을 아는 것은 매우 중요합니다. 당대에 의인이었던 노아 한 사람만 살리실 수도 있었습니다. 무엇 때문에 그렇게 큰 방주를 만들게 하셨습니까? 하나님의 나라는 구원받은 성도들이 함께하는 공동체이기 때문입니다. 방주 안에 들어가는 자만이 살 수 있다는 것입니다.

구원을 개인적인 고백으로만 생각해서 하나님나라의 공동체를 소홀히 해서는 안 됩니다. 이 땅의 교회들이 비록 불완전하지만 하나님은 이 불완전한 교회들을 통해서 우리를 하나님나라의 백성으로 만들어 가십니다. 그리고 이 교회들을 통해서 구원 받은 자들을 부르십니다.

Chapter 9

노아야,
밖으로 나오너라

땅 위에 살아 있는 모든 것이 물에 빠져 죽었습니다. 그러고 나서 "물이 백오십 일을 땅에 넘쳤더라"(창7:24)고 했습니다. 여기서 '넘쳤다'는 것은 압도했다는 뜻입니다. 세상에 물이 가득 차서 압도할 정도였다는 것입니다.

> "하나님이 노아와 그와 함께 방주에 있는 모든 들짐승과 가축을 기억하사 하나님이 바람을 땅 위에 불게 하시매 물이 줄어들었고"(창8:1).

여기서 '기억하다'는 '늘 생각하고 떠올리는 것'을 말합니다. 출애굽기에서도 이와 같은 표현을 찾아볼 수 있습니다.

"여러 해 후에 애굽 왕은 죽었고 이스라엘 자손은 고된 노동으로 말미암아 탄식하며 부르짖으니 그 고된 노동으로 말미암아 부르짖는 소리가 하나님께 상달된지라 하나님이 그들의 고통 소리를 들으시고 하나님이 아브라함과 이삭과 야곱에게 세운 그의 언약을 기억하사"(출 2:23-24).

하나님이 아브라함과 이삭과 야곱에게 주셨던 언약을 기억하셨습니다. 늘 마음에 두고 잊지 않으셨다는 뜻입니다.

150일 동안 온 세상이 물에 잠겨 있을 때 하나님은 늘 구원을 마음에 두셨습니다. 그런데 방주에 타고 있던 사람들의 입장을 생각해 보십시오. 무려 150일 동안 온 세상을 압도한 물 위에 떠 있어야 했습니다.

경건한 기다림이 필요했다는 뜻입니다. 기다림이 길어지는 것은 하나님이 기억하지 못해서, 하나님이 잊으셔서 역사하지 않는 게 아니라는 것입니다. 하나님은 하나님의 때를 기다리십니다. 노아는 하나님의 때가 이를 때까지 경건하게 기다렸습니다.

"깊음의 샘과 하늘의 창문이 닫히고 하늘에서 비가 그치매 물이 땅에서 물러가고 점점 물러가서 백오십 일 후에 줄어들고 일곱째 달 곧 그 달 열이렛날에 방주가 아라랏 산에 머물렀으며 물이 점점 줄어들어 열째 달 곧 그 달 초하룻날에 산들의 봉우리가 보였더라"(창 8:2-5).

하나님이 "열면 닫을 사람이 없고 닫으면 열 사람이 없는"(계 3:7) 깊음의 샘과 하늘의 창문을 닫으셨습니다. 그러자 물이 점점 물러갔고, 드디어 일곱째 달 열이렛날에 방주가 아라랏 산에 머물렀습니다. 이제야 한 곳에 머물게 된 것입니다.

> "사십 일을 지나서 노아가 그 방주에 낸 창문을 열고 까마귀를 내놓으매 까마귀가 물이 땅에서 마르기까지 날아 왕래하였더라 그가 또 비둘기를 내놓아 지면에서 물이 줄어들었는지를 알고자 하매 온 지면에 물이 있으므로 비둘기가 발 붙일 곳을 찾지 못하고 방주로 돌아와 그에게로 오는지라 그가 손을 내밀어 방주 안 자기에게로 받아들이고 또 칠 일을 기다려 다시 비둘기를 방주에서 내놓으매 저녁때에 비둘기가 그에게로 돌아왔는데 그 입에 감람나무 새 잎사귀가 있는지라 이에 노아가 땅에 물이 줄어든 줄을 알았으며 또 칠 일을 기다려 비둘기를 내놓으매 다시는 그에게로 돌아오지 아니하였더라"(창 8:6-12).

창문을 열고 까마귀를 내보냈지만 까마귀는 돌아오지 않았습니다. 까마귀는 시체를 먹을 수 있기 때문에 돌아오지 않았다고 합니다. 그런데 첫 번째 비둘기는 곧 다시 돌아왔습니다. 비둘기는 물이 있는 곳에 가지 않고 마른땅을 선호하는 습성이 있다고 합니다.

노아의 관심은 지면에 있었습니다. 산봉우리가 보이기 시작하자 방주에서 나갈 날이 다가오고 있음을 안 것입니다. 다행히 두 번째 비둘기가 저녁때 감람나무 잎을 물고 돌아왔습니다. 그것도 '새 잎사귀'입니다. 물이 빠지고 어딘가에서 새 잎사귀가 자라기 시작했다는 것을 알 수 있습니다. 새로운 세계가 시작된 것입니다. 어떻게 이렇게 빨리 자랄 수 있었을까요? 하나님이 회복시키셨기 때문입니다.

노아는 다시 7일을 기다렸다가 비둘기를 내보냈습니다. 비둘기가 돌아오지 않는 것을 보고 땅이 말랐음을 알았습니다.

> "육백일 년 첫째 달 곧 그 달 초하룻날에 땅 위에서 물이 걷힌지라 노아가 방주 뚜껑을 제치고 본즉 지면에서 물이 걷혔더니 둘째 달 스무이렛날에 땅이 말랐더라 하나님이 노아에게 말씀하여 이르시되 너는 네 아내와 네 아들들과 네 며느리들과 함께 방주에서 나오고 너와 함께한 모든 혈육 있는 생물 곧 새와 가축과 땅에 기는 모든 것을 다 이끌어내라 이것들이 땅에서 생육하고 땅에서 번성하리라 하시매"(창 8:13-17).

601년 첫째 달 초하룻날에 땅 위에서 물이 걷혔습니다. 600년에 비가 내리기 시작했으니까 만 1년이 지난 셈입니다. 노아가 방주 뚜껑을 열고 본 것은 그가 스스로 본 것이 아니라 하나님이 보여 주셨다는 의미가 담겨 있습니다. 하나님이 방주에서 나오라 하실 때까지 노아는 방주 안에 머물렀습니다.

노아도 마른땅을 어서 밟아 보고 싶은 마음이 간절했을 것입니다. 그래서 까마귀와 비둘기를 내보내 땅이 마른 것을 확인하지 않았습니까? 그런데 이제는 눈으로 봐도 땅이 말랐는데도 방주에서 쉽게 나오지 않았습니다. 물이 걷히고 땅이 말랐는데도 나가지 않았습니다. 하나님의 말씀이 있은 후에야 방주에서 나왔습니다.

> "노아의 때와 같이 인자의 임함도 그러하리라 홍수 전에 노아가 방주에 들어가던 날까지 사람들이 먹고 마시고 장가들고 시집가고 있으면서 홍수가 나서 그들을 다 멸하기까지 깨닫지 못하였으니 인자의 임함도 이와 같으리라"(마 24:37-39).

예수님은 노아를 마지막 심판 날의 경건한 모델로 세우셨습니다. 노아는 심판 때에 구원을 입은 자의 모델입니다.

우리는 어쩌면 하나님의 말씀대로 준행할 수 있을지도 모릅니다. 그런데 아무 말씀이 없으실 때도 과연 인내하며 기다릴 수 있을까요? 노아는 땅이 마른 것을 확인했음에도 불구하고 함부로 방주 바깥으로 나가지 않았습니다.

이것이 신앙입니다. 하나님이 언제 역사하실지 모릅니다. 언제인지만 알아도 준비할 텐데 말입니다.

요셉도 그랬습니다. 억울하게 감옥에 갇혔지만 언제 풀려날지 알 수 없었습니다. 그러나 그는 포기하거나 퍼지지 않았습니다. 누구보다 깨어 있었습니다. 하나님의 때가 이르자 별안간 바로에게 불려가 감옥에서 나왔습니다.

> "바로가 요셉에게 이르되 내가 한 꿈을 꾸었으나 그것을 해석하는
> 자가 없더니 들은즉 너는 꿈을 들으면 능히 푼다 하더라"(창 41:15).

만약에 요셉이 "2년 전에도 술 맡은 관원장의 꿈을 해석해 주었지만 아무 소용없었다. 다시는 남 좋은 일은 안 한다"고 했다면 어떻게 됐겠습니까? 허무하게 죽임을 당했을 것입니다. 2년 동안 미래를 포기하고 허송세월했더라면 바로에게 불려 나갔을 때 살 수 있는 기회를 잡지 못했을 것입니다.

아마 보통 사람 같았으면 기다리는 동안 아무것도 안 했을 것입니다. 언젠가 하나님의 때가 오겠지 하고 기다리거나 지레 포기했을 것입니다. 그러면 멍청해질 뿐입니다.

요셉은 깨어 있었습니다. 하나님의 때를 경건하게 기다렸습니다. 이것이 하나님의 사람들에게서 나타나는 놀라운 특징입니다. 맡겨진 일을 성실히 하면서 자기 뜻대로 움직이지 않고 기다립니다.

노아는 말씀을 기다리면서 나갈 준비를 했습니다. 창문을 열고 땅을 살피고 확인했습니다. 말씀이 언제 떨어질지 몰라도 기다렸습니다. 그는 기다릴 줄 아는 사람이었습니다. 신앙에는 기다림이 필요합니다. 믿음이 있는 자가 기다릴 줄 압니다. 믿음이 없으면 기다릴 수가 없습니다.

기다림이 무엇인 줄 아십니까? 하나님은 언제 어느 때라도 역전시켜 주실 수 있다는 것을 아는 것입니다.

모세가 40세에 조급하게 굴다가 쫓기는 신세가 되었습니다. 그런데 80세에야 쓰임 받을 줄 누가 알았겠습니까? 아브라함이 100세에 이삭을 얻게 될 줄 꿈엔들 알았겠습니까?

그렇습니다. 기다림은 끔찍합니다. 그러나 가장 빠른 길이기도 합니다. 나는 서른 살에야 신학교에 입학했고, 마흔이 넘어서야 목사가 되었습니다. 동기생들이 저보다 10년이 더 빨랐습니다. 그러나 지금은 내가 더 왕성하게 사역하고 있습니다. 기다림이 가장 빠르다는 것을 실감합니다.

노아가 방주에서 자기가 할 수 있는 일을 하면서 준비했다는 것이 중요합니다. 비록 언제가 될지는 모르지만 하나님이 방주에서 내보내 주실 것을 알았습니다. 그래서 준비할 수 있었습니다. 하나님의 때를 기다리며 준비하는 것이 매우 중요합니다.

그리스도인은 때를 기다릴 줄 아는 지혜와 성실함, 두 가지를 갖춰야 합니다. 명심하십시오. 하나님의 때를 기다릴 줄 모르는 사람은 항상 하나님보다 자기가 먼저 앞서 나갑니다. 그래 봤자 결국 멍청해지거나 푹 퍼져서 인생을 허비하고 말 뿐인데도요. 우리는 기다림과 성실을 갖춘 노아라는 경건한 신앙의 모델을 따라야 합니다.

향기로운 제물을 받으시다

> "여호와께서 그 향기를 받으시고 그 중심에 이르시되 내가 다시는 사
> 람으로 말미암아 땅을 저주하지 아니하리니 이는 사람의 마음이 계획
> 하는 바가 어려서부터 악함이라 내가 전에 행한 것같이 모든 생물을
> 다시 멸하지 아니하리니 땅이 있을 동안에는 심음과 거둠과 추위와
> 더위와 여름과 겨울과 낮과 밤이 쉬지 아니하리라"(창 8:21-22).

방주에서 나온 노아의 가족과 동물들은 새로운 세상의 시작이 되었습
니다. 하나님은 태초에 피조물들에게 하셨던 것처럼 "생육하고 땅에서
번성하리라"(창 8:17)고 말씀하셨습니다.

방주가 열리면서 새로운 세상, 새로운 인류가 시작되었습니다. 방주
에 탔던 모든 동물들이 각기 종류대로 내렸습니다. 창조의 과정이 다시
한 번 반복되는 것입니다.

노아가 제단을 쌓고 정결한 제물을 번제로 드렸더니 하나님이 그 향
기를 받으시고 "다시는 사람으로 말미암아 땅을 저주하지 아니하리라"
고 말씀하셨습니다. 그런데 저주하지 않으시겠다는 이유가 무엇입니
까? 사람의 마음이 계획하는 바가 어려서부터 악하기 때문이라고 하십
니다.

홍수 이전에는 모르셨을까요? 아닙니다. 아셨습니다. "사람의 죄악이

세상에 가득함과 그의 마음으로 생각하는 모든 계획이 항상 악할 뿐"(창 6:5)임을 아시고 땅과 함께 멸하기로 작정하셨던 것입니다.

그런데 이제는 사람의 마음이 계획하는 바가 항상 악하다는 것을 알고 전에 행한 것같이 모두를 죽이는 일은 하지 않겠다고 하십니다. 이게 무슨 뜻입니까? 어차피 악한 놈들이니 매일 심판하느니 그냥 살려 두자는 의미일까요? 홍수 이전과 이후가 달라진 것이 없습니다. 같은 악함을 두고 한 번은 심판하고 또 한 번은 심판을 거두십니까? 설사 그렇더라도 최소한 이유라도 달라야 하지 않겠습니까?

중요한 것은 홍수 이전과 이후 사이에 이것이 있었다는 사실입니다.

"노아가 여호와께 제단을 쌓고 모든 정결한 짐승과 모든 정결한 새 중에서 제물을 취하여 번제로 제단에 드렸더니"(창 8:20).

홍수 이전에는 하나님의 아들들이 사람의 딸들을 주목하고 제멋대로 결혼하고 그 사이에서 난 자식들이 포악하게 굴었으니까 지면에서 멸하고자 하셨지만 홍수 이후는 달라졌습니다. 방주에서 나온 노아의 가족도 똑같이 죄에서 자유롭지 못하고 악하지만 그들은 은혜 입은 자들이었다는 것이 다른 점입니다.

그들은 하나님께 제단을 쌓았습니다. 성경에 400번가량 등장하는 '단'이라는 단어가 여기서 처음 등장합니다.

고대부터 하나님께 드리는 제단에는 피 흘림이 있었습니다. 이것은

'나 대신에 제물이 죽었다'는 뜻입니다. 실은 '내가 죽어야 할 존재'임을 고백하는 것입니다. 이것은 다른 말로 표현하면 하나님을 인정하는 행위입니다. 주일예배가 왜 그렇게 중요한지 아십니까? 예배는 하나님이 주인이심을 인정하는 표현이기 때문입니다. 마찬가지로 구약시대에 제사는 매우 중요한 믿음의 표현이었습니다.

하나님이 노아가 드린 제물의 향기를 받으셨습니다. 여기서 '향기'의 원뜻은 '냄새를 맡다'입니다. 은유적으로 표현하면 '즐기다, 기쁘다'입니다. 하나님을 기쁘시게 한 향기로운 냄새라는 뜻입니다. 여기서 더 나아가면 '쉬다, 안식하다, 평안함을 얻다'라는 뜻이 됩니다. 따라서 제물의 향기가 하나님을 기쁘게 하고 만족하게 했다는 의미입니다.

태초에 천지를 창조하시고 일곱째 날에 무엇이 있었습니까? 안식일이 있었습니다. 안식일에 하나님을 기리며 하나님과 화목하게 되면 안식이 임하곤 했습니다. 제사를 통해 안식을 맛보는 것입니다.

죄를 지은 인간이 땅에서 하나님께 번제를 드림으로써 하나님 앞에 향기로운 냄새를 올려 드리고 하나님으로부터 안식과 은혜를 얻는 것입니다.

하나님은 이 제사, 즉 제물의 향기가 있는 한 비록 사람이 악하지만 멸하지 않고 은혜를 주겠다고 말씀하신 것입니다. 제사는 바로 예배를 뜻합니다.

하나님께서는 주중에 세상에서 열심히 살다가 주일에 예배하라고 말씀하셨습니다. 그런데 정신없이 세상에서 살다가 주일에 예배를 드리면 어떻습니까? 가끔은 '내가 뭘 하며 살았나' 싶을 때가 있지 않습니까? 하나님을 한 번도 묵상하지 못한 채 쫓기며 살아온 것 같은 때가 있습니다. 어떤 때는 세상 사람과 별 차이가 없어 보이기도 합니다. 도대체 세상 사람들과 어떤 차이가 있는 것일까요? 주일이 되면 알게 됩니다. 세상 사람들은 자신을 기쁘게 하기 위해 산과 바다로 가지만 우리는 하나님을 기쁘시게 하기 위해 예배하러 나옵니다. 주일에 누구 앞에 있느냐가 중요합니다. 하나님 앞에 나아가야 '하나님이 주인'이심을 다시금 깨달을 수 있습니다. 이렇게 드리는 예배를 하나님이 향기롭게 받으신다는 것입니다. 하나님 앞에 나와서 안식과 힘을 얻어야 다시 세상으로 나가서 살아갈 때 우리는 빛과 소금의 역할을 감당할 수 있는 것입니다.

그런데 솔직히 말해서 예배가 마냥 즐겁기만 합니까? 진짜로 기쁩니까? 솔직히 자기에게 좋은 일이 생겨야 기쁘지 않습니까? 애인이 생기고 공돈이 생겼을 때나 "와~ 하나님!" 하고 감탄하지 않습니까? 슬프고 힘든 일이 생기면 예배 나오는 것도 싫지 않습니까?

하나님도 우리 마음이 그런 줄 아십니다. 마음의 계획이 악하다는 것은 무엇입니까? 하나님의 반대편에 선다는 뜻입니다. 기질 속에 죄 된 성향이 남아 있다는 것입니다. 이 땅에서 우리는 죄를 완전히 벗어 날 수가 없습니다. 툭하면 하나님을 떠나고, 하나님을 떠나서 사는 게 익숙하다는 뜻입니다.

그런데 하나님 아버지를 알기에 어느 한순간 뜨끔할 때가 있습니다. 은혜 안에서 언약을 기억해 내기 때문입니다. 그때서야 "하나님, 죄송합니다" 하고 머리를 조아립니다. 이런 고백과 향기가 있는 한 모든 생물을 멸하는 일은 없을 것이라고 말씀하셨습니다. 그래서 노아의 번제는 아주 중요한 사건입니다.

노아와 아브라함의
평행이론

노아와 아브라함은 각기 다른 시대를 살았지만 묘하게 연결되는 지점이 있습니다. 마치 평행이론처럼 말입니다. 로마서를 보십시오.

> "그러므로 상속자가 되는 그것이 은혜에 속하기 위하여 믿음으로 되나니 이는 그 약속을 그 모든 후손에게 굳게 하려 하심이라 율법에 속한 자에게뿐만 아니라 아브라함의 믿음에 속한 자에게도 그러하니 아브라함은 우리 모든 사람의 조상이라"(롬 4:16).

아브라함은 우리 모든 사람의 조상이고 노아는 새로운 인류의 조상입니다. 두 사람 다 새로운 시작을 상징합니다.

아담의 타락 이후에 노아는 믿음을 통해 다시 한 번 새로운 시작을 했고 새로운 인류의 시작이 되었습니다. 그러나 새로운 인류도 결과적으로는 죄로 기울었습니다. 노아의 후예들이 바벨탑을 세웠으니 말입니다.

우리가 보기에는 하나님이 실패하신 것 같습니다. 홍수로 심판하고 노아를 통해 싹 물갈이를 했는데도 불구하고 그 자손들이 결국 바벨탑을 쌓는 죄인들이 되었으니 말입니다.

그러나 절대 그렇지 않습니다. 하나님은 우리가 안고 태어나는 원죄를 아십니다. 우리가 얼마나 악한지를 아십니다. 우리가 죽어야 할 존재라는 것을 아십니다. 제아무리 제사를 많이 드린다고 해도 원죄가 해결되지 않으리라는 것도 아십니다. 그런데도 아브라함이라는 한 사람을 선택하시어 믿음의 후예가 다윗과 예수 그리스도에게까지 이어 가게 하셨습니다. 하나님은 자신이 지은 세계를 결코 포기하지 않으셨습니다. 하나님은 또 다른 씨인 믿음의 조상 아브라함을 통해 새로운 구원의 역사를 이어 가셨습니다. 역사가 멸망을 향해 가고 있는 것 같지만 하나님은 그때마다 '다른 씨'를 통해 구원의 계획을 계속 이루어 가셨습니다. 아브라함을 통해 그러셨던 것처럼 말입니다.

노아는 심판 이후에 새로운 인류로서 시작했고, 아브라함은 믿음의 조상이 되어 하나님의 역사를 다시 새롭게 시작했으며, 이 모든 것은 예수 그리스도에게로 향하는 길이었습니다.

약육강식의 세계라도
피째 먹지 말라

하나님은 방주에서 나온 노아와 그 아들들에게 생육하고 번성하여 땅에 충만하라는 축복과 함께 약속을 주셨는데 이전과는 다른 약속이었습니다.

> "땅의 모든 짐승과 공중의 모든 새와 땅에 기는 모든 것과 바다의 모든 물고기가 너희를 두려워하며 너희를 무서워하리니 이것들은 너희의 손에 붙였음이니라"(창 9:2).

모든 피조물이 인간을 '두려워하며 무서워할 것'이라고 하셨습니다. 왜냐면 이것들을 인간의 손에 붙이셨기 때문입니다. 타락 이전에는 인간에게 하나님을 대리하는 청지기로서의 권위가 있었는데, 타락 이후에는 두려움을 불러일으킬 정도로 악이 보였다는 뜻입니다.

마치 눈빛이 달라 보이는 사람을 보면 오싹한 살기가 느껴지듯이 이제는 동물들이 인간을 보면 악과 살기가 느껴지는 것입니다. 육식이 허용되었으니 사람이 동물들을 볼 때 먹잇감으로 보고 눈에 힘을 줄 수도 있을 것입니다.

그러나 중요한 것은 심판 중에 은혜를 입은 인간들도 여전히 죄인이더라는 사실입니다. 이들도 악의 힘을 제어할 수 없더라는 것입니다. 피조 세계에서도 악의 힘이 커져서 인간들뿐 아니라 동물들 사이에서 육

식이 생겨났습니다. 잡아먹고 먹히는 세상이 된 것입니다. 힘의 논리가
세상을 지배하게 되었습니다. 약육강식의 세상이 된 것입니다. 이렇듯
자연 세계까지 변질되고 말았습니다.

> "모든 산 동물은 너희의 먹을 것이 될지라 채소같이 내가 이것을 다
> 너희에게 주노라 그러나 고기를 그 생명 되는 피째 먹지 말 것이니
> 라"(창 9:3-4).

하나님께서 동물을 잡아먹을 때 피를 먹는 것을 금하셨습니다. 그 이
유는 피가 생명 자체를 상징하기 때문입니다. 동물의 고기를 먹되 사람
들로 하여금 생명의 존엄성을 깨닫고 생명을 경시하는 것을 막기 위해
서입니다. 사슴피가 정력에 좋다고 산 채로 피를 내어 마시는 등 단순히
먹고 마시는 것을 즐기기 위해 잔인하게 살육해서는 안 됩니다. 하나님
나라에 가기 전까지 우리가 고기를 먹는 것은 어쩔 수 없지만 단순히 식
탐을 채우기 위해서나 사냥의 즐거움을 위해서 생물을 죽이고 피를 먹는
것은 반대하십니다. 먹기는 먹되 되도록이면 최소한으로 먹고 끝내야지
피 흘리기를 즐기기 시작하면 인간은 더욱 잔인해지기 때문입니다.

또한 짐승이라 할지라도 그 생명의 주권자는 하나님이십니다. 어
떤 생명도 하나님이 허락하지 않고 존재하는 생명은 없습니다. 모든 생
명의 주인 되심이 하나님이라는 것을 고백하면 하나님의 주권에 속하는
생명을 함부로 취급해서는 안 된다는 것입니다. 인간이 타락했어도 태

초에 하나님이 인간에게 주신 피조 세계를 관리하고 다스릴 책임은 지금도 유효하기 때문입니다.

더 나아가서 구약시대 제사는 인간의 죄를 대신해서 짐승이 피 흘려 죽음으로써 속죄의 효력이 발생했습니다. 이스라엘에서 제사를 드릴 때 흘리는 짐승의 피는 장차 이 땅에 오셔서 우리의 죄로 말미암아 십자가의 보혈을 흘리신 그리스도의 희생을 예표하는 것입니다.

만약에 피째 먹었을 경우에는 어떻게 됩니까?

"내가 반드시 너희의 피 곧 너희의 생명의 피를 찾으리니 짐승이면 그 짐승에게서, 사람이나 사람의 형제면 그에게서 그의 생명을 찾으리라"(창 9:5).

생명의 존귀함을 잊고 피째 먹으면 짐승은 짐승을 통해, 사람은 다른 사람을 통해서 처벌하겠다는 뜻입니다. 똑같이 갚아 주겠다는 말씀입니다. 칼로 흥한 자 칼로 망하듯이 피를 먹은 자 피 흘리게 될 것이라는 뜻입니다.

여기서 "찾으리라"가 한국어 성경에는 두 번 나오지만 히브리어 성경에서는 세 번 반복됩니다. 세 번이나 반복되었다는 것은 하나님이 기필코 찾아내시고야 말겠다는 뜻입니다. 그만큼 창조주 하나님은 생명을 소중하게 여기십니다. 생명이 스러지는 것을 보고 아픔을 느끼시기 때문입니다.

그래서 심판이 필요합니다. 하나님의 심판은 일방적인 파괴가 아닙니다. 오히려 피조 세계와 생명을 보전하기 위해 심판하시는 것입니다. 그렇기 때문에 다른 사람의 피를 흘리게 하면 그 사람도 피를 흘려야 하는 것입니다. 사람은 하나님의 형상을 닮은 존재이기 때문입니다.

동물을 피째 먹지 말라는 명령이 사람의 상함까지 발전한 데는 이유가 있습니다. 동물을 잡아먹기 시작하면서 나날이 커져 갈 인간의 폭력성을 염려하신 것입니다. 또한 폭력의 대상이 인간에게까지 확대될 것을 염려하셔서 경고하신 것입니다. 생명의 존귀함을 잊어버리고 난폭해져 갈수록 죄가 확산될 게 빤하기 때문입니다.

실제로 죄악이 커지면 커질수록 사람에 대한 존중은 사라집니다. 분노 때문에 그냥 치고 박고 싸우고, 화를 참지 못해 폭력을 마구 사용하는 것이 다반사인 세상이 되었습니다.

하나님은 이미 노아의 때에 인간 내부의 악함을 보고 경고하신 것입니다. 만일 생명을 귀히 여기지 않고 난폭하고 잔인하게 폭력을 행사한다면 준엄하게 심판하겠다고 하셨습니다.

무지개를 보라

홍수 이후에 하나님은 노아와 언약을 세우셨습니다. 다시는 멸하지 않으며 홍수가 다시 있지 아니할 것이라고 약속하며 언약의 징표로 무지개를 보여 주셨습니다.

> "내가 내 언약을 너희와 너희 후손과 너희와 함께한 모든 생물 곧 너희와 함께한 새와 가축과 땅의 모든 생물에게 세우리니 방주에서 나온 모든 것 곧 땅의 모든 짐승에게니라 내가 너희와 언약을 세우리니 다시는 모든 생물을 홍수로 멸하지 아니할 것이라 땅을 멸할 홍수가 다시 있지 아니하리라 하나님이 이르시되 내가 나와 너희와 및 너희와 함께하는 모든 생물 사이에 대대로 영원히 세우는 언약의 증거는 이것이니라 내가 내 무지개를 구름 속에 두었나니 이것이 나와 세상 사이의 언약의 증거니라 내가 구름으로 땅을 덮을 때에 무지개가 구름 속에 나타나면 내가 나와 너희와 및 육체를 가진 모든 생물 사이의 내 언약을 기억하리니 다시는 물이 모든 육체를 멸하는 홍수가 되지 아니할지라 무지개가 구름 사이에 있으리니 내가 보고 나 하나님과 모든 육체를 가진 땅의 모든 생물 사이의 영원한 언약을 기억하리라 하나님이 노아에게 또 이르시되 내가 나와 땅에 있는 모든 생물 사이에 세운 언약의 증거가 이것이라 하셨더라"(창 9:9-17).

무지개는 인간에게만 주어진 징표가 아닙니다. 노아와 노아의 후손과 모든 생물에게 주신 것입니다. 언약의 범위가 꽤 넓습니다. 그만큼 땅의 모든 생물이 눈으로 보고 확인할 수 있도록 무지개를 징표로 삼으셨습니다. 피조물들은 하늘에 무지개가 나타날 때마다 본능적으로 하나님의 언약을 기억할 것입니다. 이것이 무지개 언약의 특징입니다.

성경에서 반복은 강조입니다. 그만큼 중요한 내용이라는 뜻입니다. 창세기 9장 9절부터 17절까지 하나님과 인간과 모든 생물 사이에 대대로 영원히 세우는 언약의 증거로 무지개를 설명하면서 꽤 많은 반복이 사용되었습니다.

첫째, 하나님이 '나'를 강조하셨습니다. '내가'가 무려 8번이나 반복되었습니다.

둘째, '무지개'를 강조합니다. 3번 반복되었습니다.

셋째, '언약의 증거'도 3번 반복되었습니다.

이 중에서도 가장 강조한 것이 '내가'입니다.

하나님의 언약은 일방과 쌍방, 두 가지 특성을 갖고 있습니다.

일방적 특성이란 하나님의 일방적인 은혜로 언약이 세워진다는 뜻입니다. 주체가 하나님이십니다. 그래서 '내가'가 강조됩니다. 너희가 받을 만해서 받는 것이 아니라 내가(하나님이) 은혜를 베푸는 것이고, 너희가 물의 심판을 더 이상 받지 않아도 될 만큼 의로워져서가 아니라 내가(하나님이 일방적으로) 너희로 물의 심판을 면하게 해주겠다는 약속입니다.

한편 쌍방적 특성이란 하나님의 언약 가운데 사람이 지킬 것이 있다는 뜻입니다. 하나님은 이것을 중요하게 생각하십니다. 언약의 시작은 하나님의 은혜로 시작됐지만 사람이 그 언약 속에 들어가는 순간 쌍방적이 되는 것입니다. 예수 그리스도가 십자가에서 죽으시고 부활하심으로써 우리를 구원하신 것은 일방적인 은혜입니다. 그런데 구원 받는 순간 믿는 자로서 해야 할 의무가 생깁니다. 이것이 쌍방적 특성입니다. 정리하자면 하나님의 언약의 주체는 하나님 자신이며 따라서 언약에서 강조되는 것은 '내가'입니다.

홍수 이후에 하나님이 땅 위의 모든 생물과 "다시는 홍수로 멸하지 않겠다"는 일방적인 언약을 하셨고, 그 징표로서 구름 속에 무지개를 두셨습니다. 이때부터 "구름 속에 무지개가 나타나면 언약을 기억하겠다"고 하셨습니다. 여기서 '기억하다'는 '새기다, 표시하다'라는 뜻입니다. 창세기 8장 1절에서 "하나님이 노아와 그와 함께 방주에 있는 모든 들짐승과 가축을 기억하사"에서 쓰인 '기억하다'와 동일한 뜻입니다. '늘 떠올리고 기억하는 것'입니다.

하나님이 무지개를 볼 때마다 창조주 하나님과 피조물들 사이에 세운 언약을 항상 기억하겠다는 것입니다. 그런데 하나님은 왜 하필 무지개로 언약의 징표를 삼으셨을까요? 무지개의 원래 뜻이 '활(弓)'이라는 데 주목해야 합니다.

므두셀라라는 이름이 '병기, 칼의 사람'이라는 뜻에서 '그가 죽으면 심판이 임하리라'는 의미가 나왔다고 했습니다. 그래서 므두셀라가 죽는 날에 홍수가 임했습니다. 물의 심판입니다.

그런데 병기나 칼 모두 공격용 무기이지 않습니까? 활도 마찬가지입니다. 무지개가 활처럼 생겼다는 것에는 어떤 의미가 있습니다. 활을 구름 속에 두셨다니 무슨 뜻입니까?

사람이 크게 놀라거나 상처를 받으면 트라우마(trauma), 즉 외상 후 스트레스 장애가 생깁니다. 어렸을 때 엘리베이터에 갇힌 경험이 있는 사람은 좁은 곳에 들어가면 숨을 잘 못 쉬는 폐소공포증을 앓는 경우가 많습니다. 이것이 트라우마입니다. 그러니 대홍수를 겪고 난 피조물들은 오죽했겠습니까? 물의 심판에 대한 트라우마가 생길 법하지 않습니까? 아마 빗소리만 나도 부들부들 떨었을 것입니다. 하나님이 비로 세상을 심판했다고 해서 비가 원래 심판의 도구로만 쓰이는 것은 아니었습니다. 땅이 채소와 열매를 맺으려면 당연히 하늘에서 내리는 비가 있어야 합니다. 비는 앞으로의 인류에게 오히려 축복이었습니다. 아니 하나님이 창조하신 것들 중에 축복이 아닌 게 하나도 없었습니다. 그런데 죄악으로 가득 찬 세상으로 말미암아 축복이 저주가 되어 사람을 공격하는 일이 벌어진 것입니다.

하나님은 태초에 인간이 사용할 모든 자원을 땅에 주셨습니다. 그래서 사람을 창조하시기 전에 앞서 셋째 날에 미리 땅이 "풀과 씨 맺는 채소와 각기 종류대로 씨 가진 열매 맺는 나무"(창 1:11)를 내게 하셨습니다. 홍수 이전에는 비가 왔다는 기록은 없지만 모든 채소와 나무가 열매를 맺을 수 있는 풍족한 물(또는 안개)을 허락하셨습니다. 그런데 홍수 이후에는 하늘에서 비가 와야만 열매를 맺을 수 있게 되었습니다.

하지만 홍수 이후로는 비가 올 때마다 어떤 일이 벌어집니까? 먹구름이 조금만 몰려와도 심장이 쿵 내려앉습니다. 빗소리만 들어도 미친 듯이 도망가거나 경기를 일으키려 합니다.

그런데 하나님이 언약의 징표를 어디에 두셨습니까? 바로 구름 속에 두셨습니다. 구름이 몰려오고 비가 내리는데 비가 그치고 나면 무지개가 뜨는 것입니다.

"내가 너희들과 맺은 언약을 기억한다. 다시는 홍수로 심판하지 않으리라."

하나님이 늘 기억하고 계심을 언약의 징표로서 바라볼 수 있게 되었습니다. 공격 무기인 활처럼 생겼지만 공격하지 않는다는 것입니다. 그러니 너희도 기억하라는 것입니다.

따라서 하나님이 구름 속에 두신 무지개는 매우 기가 막힌 언약의 상징입니다.

환난 속에
언약을 감추시다

놀랍게도 하나님은 우리 인생의 환난과 어려움 속에 약속을 감추길 좋아하십니다. 풍랑이 일 때 예수님이 걸어오셨습니다. 풍랑을 바라보면 예수님을 잃어버리고, 예수님을 바라보면 풍랑이 눈에 들어오지 않습니다. 베드로가 예수님을 바라볼 때는 바다 위를 걸을 수 있었지만 풍랑을 바라보는 순간 발이 빠졌던 것처럼 말입니다.

물의 심판처럼 인생의 큰 시련을 겪어 본 사람은 구름만 봐도 가슴이 철렁 내려앉을 것입니다. 정신을 가다듬기도 어려울 것입니다. 구름을 보면 두려워서 견딜 수가 없을 것입니다.

그럴 때 구름을 보지 말고 구름 속에 둔 무지개를 바라보라는 것입니다. 언약을 기억하라는 것입니다. 무지개를 보면 마치 예수님이 "세상에서는 너희가 환난을 당하나 담대하라 내가 세상을 이기었노라"(요 16:33)고 선포하시는 것 같습니다. "내가 세상 끝 날까지 너희와 항상 함께 있으리라"(마 28:20) 고 말씀하시는 것만 같습니다.

이처럼 언약의 말씀은 인생의 환난과 어둠 가운데 함께합니다. 출애굽한 이스라엘 백성이 가나안을 향해 갈 때 광야는 그들에게 험난한 곳이기도 했지만 하나님과 동행하는 은혜의 장소이기도 했습니다. 그들이 하나님의 약속을 붙잡았을 때는 광야의 반석에서 물이 나오는 은혜가 있었습니다. 광야에서는 하나님이 구름기둥과 불기둥으로 친히 인도하셨습니다. 반면에 그들이 광야의 험난함만을 바라봤을 때는 타락의 길로 빠졌습니다.

구름 속에 무지개를 두셨다는 것은 우리 삶 속에 구름처럼 보기만 해도 부들부들 떨게 되는 트라우마의 대상이 있음을 하나님이 잘 알고 계신다는 뜻입니다. 창조주 하나님이 그만큼 피조물을 잘 알고 인간을 이해하고 계신다는 것입니다. 환난 속에 언약이 공존하게끔 하는 것이 바로 하나님의 기막힌 사랑법입니다.

신앙은 두 가지 중의 하나를 선택하는 것입니다. 트라우마에 빠지게 하는 구름을 볼 것인지 아니면 구름 속에 두신 무지개 언약을 볼 것인지를 선택하는 것입니다.

분명한 것은 무지개 언약을 바라보면 더 이상 비와 구름이 두렵지 않다는 것입니다. 성경은 인간의 언어로 기록된 하나님의 말씀이란 것을 기억해야 합니다. 그래서 하나님을 표현하는 데 있어서 언어의 한계가 있을 수밖에 없습니다.

하나님은 때로는 우리 삶의 현장 속에 있는 소재를 가져와 비유로 들려주시곤 합니다. 예수님도 많은 비유를 들려주셨습니다. 우리가 해야 할 일은 비유를 곧이곧대로 보는 것이 아니라 비유가 담고 있는 의미를 찾아보는 것입니다.

홍수 심판 후에 구름은 지금으로 보면 인생의 거친 환난을 떠올리게 합니다. 그 의미하는 바가 통한다는 뜻입니다.

따라서 성경을 볼 때 문자적으로 읽을 게 있고, 본질을 들여다볼 게 따로 있습니다. 이것을 거꾸로 하는 것이 이단입니다. 이단은 거꾸로 하는 기술이 교묘하고 기가 막힙니다. 덕분에 우리도 기가 막히게 잘 속습니다.

무지개 언약은 하나님의 놀라운 은혜입니다. 홍수 이후에 생물들이 얼마나 힘들어할지 잘 아셨습니다. 그래서 무지개 언약을 선포하실 때 '내가'를 8번이나 반복하며 강조하셨습니다. 무지개와 언약의 증거를 반복적으로 말씀하셨습니다. '내가 언약을 기억한다'는 것입니다. 바로 이것이 아버지의 마음입니다. 이 땅에서 피조물들이 생육하고 번성하며 이 땅에 충만해지기를 바라는 것이 하나님의 마음입니다.

죄에서
자유로울 수 없다

노아는 방주에서 나온 뒤 350년을 더 살았습니다(창 9:28). 그런데 그동안 기록된 것은 노아가 술 마시고 옷을 벗은 채 잠들었다는 이야기 하나밖에 없습니다.

> "방주에서 나온 노아의 아들들은 셈과 함과 야벳이며 함은 가나안의 아버지라 노아의 이 세 아들로부터 사람들이 온 땅에 퍼지니라 노아가 농사를 시작하여 포도나무를 심었더니 포도주를 마시고 취하여 그 장막 안에서 벌거벗은지라 가나안의 아버지 함이 그의 아버지의 하체를 보고 밖으로 나가서 그의 두 형제에게 알리매 셈과 야벳이 옷을 가져다가 자기들의 어깨에 메고 뒷걸음쳐 들어가서 그들의 아버지의 하체를 덮었으며 그들이 얼굴을 돌이키고 그들의 아버지의 하체를 보지 아니하였더라 노아가 술이 깨어 그의 작은 아들이 자기에게 행한 일을 알고 이에 이르되 가나안은 저주를 받아 그의 형제의 종들의 종이 되기를 원하노라 하고 또 이르되 셈의 하나님 여호와를 찬송하리로다 가나안은 셈의 종이 되고 하나님이 야

벳을 창대하게 하사 셈의 장막에 거하게 하시고 가나안은 그의 종이 되게 하시기를 원하노라 하였더라"(창 9:18-27).

이것은 홍수 이후 350년 동안 노아의 삶에서 일어난 가장 중요한 사건이었습니다. 그리고 이것은 결코 단순한 사건이 아니었습니다. 이 일로 말미암아 한 아들이 종들의 종이 되는 저주를 받게 되었습니다.

노아가 원인을 제공한 셈이지만 아들들이 아버지의 기행(奇行)에 어떻게 반응했느냐에 따라 축복과 저주가 갈렸습니다. 새로운 인류 역사에 벌써 아들 대부터 저주가 시작되었다니 굉장히 심각한 문제입니다.

중요한 것은 그때까지 하나님은 인간에게 '저주'라는 표현을 직접 사용하신 적이 없다는 사실입니다. 사람에게는 '벌'을 내리셨고, 가인의 범죄 때에도 가인이 땅으로부터 저주를 받게 하셨습니다. 하나님은 어떤 상황에서도 생명을 귀히 여기셨습니다.

그런데 노아는 아들의 죄를 굉장히 심하게 다루었습니다. 가나안이 가인처럼 살인을 저지른 것도 아닌데 가나안에게 형제들의 종이 되라는 저주를 퍼부었습니다. 인간적으로 볼 때 혹시 노아가 술이 덜 깼던 것은 아닐까 하는 생각이 들 정도로 심했습니다. 상식적이지 않기 때문입니다. 보통의 부모라면 자식이 아무리 잘못했어도 이 정도의 저주를 퍼붓지는 않으니까 말입니다.

문제는 노아의 말을 하나님께서 이루셨다는 것입니다. 노아는 단순히 술주정을 부린 것이 아니라 예언자적 발언을 했던 것입니다. 하나님의 마음을 담은 예언을 했다는 뜻입니다.

그렇다면 도대체 가나안의 무엇이 그처럼 심한 벌을 받게 했을까요? 핵심은 이것입니다. 홍수 후에 살아남은 새로운 인류도 하나님의 축복이 있는 인류와 저주를 받아 종이 되는 인류로 나눠지더라는 것입니다.

노아는 셈과 함과 야벳 세 아들을 두었습니다. 그중에서 함은 가나안의 아버지입니다. '가나안'은 '천하다, 천한 자'라는 뜻입니다. '낮은 곳에 거하는 자'를 의미합니다. 실제로 가나안 지방은 팔레스타인 지역의 낮은 지대에 위치했습니다.

추리 영화에서 눈에 잘 띄지 않던 인물이 몇 장면에 걸쳐서 계속 등장하면 '뭔가 있구나' 하고 눈치를 채게 됩니다. 그에게 무슨 이야깃거리가 있다는 뜻입니다. 뭔가 중요한 복선이 깔려 있다는 것을 알게 됩니다.

성경도 마찬가지입니다. 처음부터 가나안의 이름이 등장하는 것은 뭔가 복선이 깔려 있다는 뜻입니다. 셈과 함과 야벳만 등장하면 되는 장면에서 느닷없이 함의 아들 가나안의 이름이 등장했습니다. 게다가 가나안은 '천한 자'라는 뜻과 함께 앞으로 이스라엘 백성이 들어갈 가나안 지역과 연관이 있는 이름입니다.

홍수 이후에 인류는 노아의 세 아들로부터 다시 시작되었습니다. 이들을 통해 온 땅에 퍼졌다는 뜻입니다. 그 와중에 노아가 포도나무 농사를 시작했고 포도주를 만들어 마시고 취하여 장막 안에서 벌거벗은 일이 벌어졌습니다.

히브리 원어로 읽으면 "노아가 포도주를 마시고 취해서 스스로 벌거벗었다"입니다. 이런 문장을 '와우 연속법'이라고 합니다. 히브리어 '와우(Waw)'는 '그리고'라는 뜻입니다.

와우 연속법은 어떤 동작이 끊임없이 이어질 때 쓰이는 용법입니다. 그러니까 노아가 계속 술 마시고 취하고 벌거벗고 잤다는 뜻입니다. 모든 과정이 쭉 연결되어 한 동작이 되었다는 얘기입니다. 즉 노아가 정말로 많이 마셨다는 뜻입니다.

노아가 포도주를 마시고 벌거벗은 채 잠든 사건이 벌어졌습니다. 술 마시고 주사를 부려서 왜 자식들을 시험에 들게 만들었나 하는 수준의 문제가 아닙니다.

아담은 범죄 후에 하나님 앞에 나아갈 때 처음으로 자신이 벌거벗었다는 것을 깨닫고 부끄러워했습니다. 즉 벌거벗음은 수치를 의미합니다. 그런데 하나님의 은혜를 입은 노아는 술 마시고 취해서 수치를 드러냈습니다. 그것을 셈과 야벳은 덮어 주었습니다. 마치 하나님이 아담과 하와의 수치를 가죽옷으로 덮어 주셨던 것처럼 말입니다.

가나안의 아버지 함은 자기 아버지의 벌거벗은 하체를 보고 밖으로 나가서 그의 두 형제들에게 알렸습니다. 바로 이 행동이 그가 저주 받은 이유입니다.

애초에 원인 제공자는 노아인데 왜 함이 저주를 받아야 하는가 하고 의문을 가질 수 있습니다. 그러나 그렇지 않습니다. 함이 억울하게 저주 받은 게 아니라는 뜻입니다.

창세기 3장을 보십시오.

"이르되 내가 동산에서 하나님의 소리를 듣고 내가 벗었으므로 두려워하여 숨었나이다"(창 3:10).

죄를 지은 인간에게는 벌거벗음이 부끄러움이요 수치입니다. 노아는 하나님의 은혜로 새로운 인류의 시작이 되었지만 술 마시고 벌거벗는 사고를 쳤습니다.

은혜 받은 노아가 어떻게 이럴 수 있습니까? 그럴 수 있습니다. 왜냐하면 노아는 여전히 아담의 원죄 영향력 아래 있었으니까 말입니다. 죄의 영향력 아래에 있었다는 뜻입니다.

선악과 사건 이전에는 아담과 하와가 벌거벗은 것이 전혀 문제가 되지 않았습니다. 수치스럽지 않았습니다. 그런데 죄가 들어오자 벌거벗은 걸 부끄러워하고 가리기 시작했습니다.

노아가 술 마시고 벌거벗는 실수를 했다는 것은 죄가 여전히 노아의 삶에 관여하고 있었다는 뜻입니다. 노아에게는 죄가 흐르고 있었고 홍수 이후에도 그는 여전히 하나님의 은혜를 필요로 했습니다. 이것은 무엇을 말합니까? 아무리 은혜를 입은 자라도 죄에서 자유로울 수 없다는 뜻입니다.

왜 저주가
합당한가?

가나안의 아버지 함이 자기 아버지 노아의 수치를 보고 어떻게 했습니까? 곧장 바깥으로 나가 형제들에게 말해 주었습니다.

처음부터 '가나안의 아버지 함'으로 기록된 것으로 보아 노아의 벌거벗은 수치를 함 혼자 본 것이 아니라 가나안도 함께 봤을 것으로 생각됩니다.

함이 셈과 야벳에게 알렸는데, 이때 '알리다'는 '선포하다, 선언하다, 누설하다, 배반하다'라는 뜻이 있습니다. 함이 노아의 수치를 그냥 알린 것이 아니라 선포하듯 까발렸다는 것을 알 수 있습니다. 어쩌면 함이 손뼉을 치며 셈과 야벳에게 "아버지가 벌거벗은 채 주무시고 계셔" 하고 소리쳤을지도 모릅니다.

그런데 셈과 야벳은 어떻게 했습니까? 큰 보자기같이 생긴 겉옷을 가져다가 어깨에 메고 뒷걸음쳐서 들어가 아버지의 벗은 몸을 가려 주었습니다.

술이 깬 노아가 작은아들이 자기에게 무슨 짓을 했는지 알아채고 아들들을 불러다 놓고 가나안을 저주했습니다. 왜 함이 아니라 가나안에게 저주를 했을까요? 첫째, 당시 현장에 함뿐만 아니라 가나안도 있었을 것으로 추정됩니다. 둘째, 저주가 대물림되는 것을 확실하게 보여 주기 위해서입니다. 만약에 함에게 저주했다면 함에게만 저주가 임할 것이라고 생각할 수 있습니다. 그런데 노아는 함과 함의 자손에게 '형제의 종들의 종'이 되는 저주를 내렸습니다. 종들의 종은 가장 천한 종을 의미합니다.

반면에 셈에게는 "셈의 하나님 여호와를 찬송하고 가나안은 셈의 종이 되리라"고 예언했습니다. '셈의 하나님 여호와를 찬송한다'는 것은 '셈을 축복한다'는 뜻입니다.

야벳에게는 "야벳을 창대하게 하사 셈의 장막에 거하게 하시고 가나안은 그의 종이 되게 하시기를 원한다"고 했습니다. 창대케 된다는 것은 세상적으로 번창하는 것을 의미합니다. 또한 '셈의 장막에 거한다'는 것은 축복을 셈과 함께 나눠 갖는다는 뜻입니다.

하나님은 셈과 야벳 모두에게 복을 주셨지만 셈의 후손과는 특히 긴밀한 관계를 맺으셨습니다. 셈의 후손을 통해 '다른 씨'가 세상 속으로 흘러들어올 것이기 때문입니다. 바로 아브라함이 셈의 후손인 것입니다.

그런데 함의 행동이 그렇게 큰 저주를 받을 만큼 악한 행동이었는가, 그리고 셈과 야벳의 행동은 그토록 큰 복을 받을 만한 행동이었는가에 대한 의문이 듭니다. 무엇 때문에 한쪽은 저주를 받고, 다른 한쪽은 축복을 받았는가에 대해 생각해 봐야 합니다.

함이 저주를 받을 수밖에 없었던 데에는 두 가지 이유가 있습니다.

첫째, 함이 노아를 성적으로 조롱했기 때문입니다.

노아가 작은아들이 "자기에게 행한 일"(창 9:24)을 알았다고 했습니다. 무엇을 알았다는 것일까요? 이것에 대한 신학자들의 의견이 분분합니다만 아주 극단적인 해석으로는 함이 아버지 노아를 성추행했다는 설이 있습니다. 매우 극단적인 내용이기는 하지만 본문에서 쓰인 '보다'라는 단어가 그냥 보는 것이 아니라 마음속으로 부정한 생각을 가지고 성적으로 즐기면서 본다는 뜻이 있으므로 성추행이 전혀 근거 없는 해석이라고 할 수는 없습니다.

그러나 나는 그렇게까지는 보지 않습니다. 다만 함이 형제들에게 말할 때 그냥 말하지 않았다는 것은 분명합니다. 아버지가 벌거벗은 모습을 보고 성적으로 조롱했을 것으로 보입니다. 그런 뉘앙스가 본문에 담겨 있습니다.

그렇다면 노아의 입장에서 음담패설로 놀림을 당했다고 해서 그렇게까지 저주를 해야 했을까요? 결론을 말하자면, 그렇습니다.

역사적으로 살펴보면 멸망의 끝에는 언제나 광폭함과 성적 타락이 뒤따랐던 것을 알 수 있습니다. 노아의 홍수 이전의 문화도 마찬가지였습니다. 문명은 발전해 갔지만 어려서부터 마음의 계획이 항상 악해서 하나님을 떠나 힘의 논리, 성적 논리로 살았습니다. 그래서 하나님은 그 문화를 멸망시키셨습니다. 그리고 노아를 통해 새롭게 시작하셨습니다.

그런데 함이 그 더러운 문화를 다시금 가져온 것입니다. 하나님이 싫어하셔서 멸망시키기까지 했던 그 타락한 성 문화를 그대로 가져온 것입니다. 그래서 함이 저주를 받는 것은 합당했습니다.

이것을 다른 말로 하면 함뿐만 아니라 누구든지 세상 문화와 방법을 그대로 가져와 사는 사람이 있다면 그 사람도 저주를 받게 될 것입니다.

18세기 미국에서는 함의 저주를 악용해 아프리카 흑인들을 노예로 삼는 것을 정당화하기도 했습니다. 그러나 엄밀하게 보면 하나님이 저주하신 것은 함의 혈통이 아니라 함과 같이 타락한 세상 문화를 따르는 사람들입니다. 세상 마인드를 저주하신 것입니다. 저주가 무엇입니까? 은혜 주기를 포기하는 것입니다. 하나님의 은혜를 받을 수 없다는 뜻입니다.

함이 저주를 받은 또 다른 이유는 은혜를 몰랐기 때문입니다. 함이 대홍수에서 구원 받을 수 있었던 것은 누구 덕분입니까? 바로 아버지 노아 덕분이었습니다. 노아는 당대에 의인이요 완전한 자로 평가되었던 사람입니다. 비록 죄를 완전히 떨치지 못하고 벌거벗는 수치를 보였지만, 죄악이 가득한 세상에서 그가 하나님과 동행했기에 그의 가족이 함께 구원을 받을 수 있었던 것입니다.

그런데 함은 그 은혜를 몰랐습니다. 아버지의 신앙으로 자기가 은혜를 받았는데도 불구하고 함은 노아의 허물을 드러냈습니다. 창세기 9장 22절에 나오는 "알리매"는 '누설하다' 또는 '배반하다'는 뜻이 있다고 했습니다. 함은 두 형제에게 아버지의 약점을 공개하는 심각한 잘못을 저지른 것입니다. 함은 노아를 통해서 은혜를 입었음에도 나 몰라라 하고 아버지의 허물을 들춰낸 것입니다. 그러나 하나님이 함에게 기대하신 것은 허물을 덮어 주는 것이었습니다. 흔히 은혜를 모르는 자는 짐승만도 못하다고 말합니다. 그래서 함이 종들의 종이 되는 저주를 받은 것입니다.

죄는
똥과 같다

셈과 야벳은 함과 달리 아버지의 수치를 덮어 주었습니다.

'덮다'에는 두 가지 의미가 있습니다. 첫 번째 의미는 이것입니다. 선악과를 먹은 아담과 하와가 벌거벗음을 깨닫고 수치를 느낄 때 하나님은 가죽 옷을 지어 입히셨습니다. 아버지의 마음입니다. 그들이 벌거벗은 채 수치를 느끼며 살도록 버려두지 않으셨습니다.

셈과 야벳은 아버지의 수치를 보지 않으려고 뒷걸음질로 다가가 이불을 덮어 주었습니다. 하나님이 아담과 하와에게 가죽 옷을 지어 입히셨던 것과 똑같은 마음이 이들에게 있었던 것입니다. 하나님은 아버지의 수치를 드러내지 않고 덮어 주는 마음을 축복하셨습니다. 이렇듯 셈과 야벳은 하나님의 마음을 가지고 아버지의 수치를 덮어 주었습니다.

두 번째 의미는 이것입니다. 셈과 야벳은 자신들의 구원이 아버지 노아 덕분이라는 것을 알았습니다. 자신들이 은혜를 입었다는 걸 알았습니다.

은혜라는 말에는 덮는다는 의미도 있습니다. 사람이 하나님의 은혜를 입었다는 것은 그의 허물을 하나님이 덮어 주셨다는 것입니다. 만약에 하나님이 사람의 허물을 덮지 않고 다 드러내신다면 세상에 구원 받을 자가 하나도 없을 것입니다.

예수 그리스도의 보혈이 인간의 허물을 덮습니다. 이것을 칭의라고 합니다. 의로워서 의롭게 여김을 받는 것이 아니라 의롭게 여김을 받기에 의로운 것입니다. 주님의 은혜가 덮는 것입니다. 하나님 아버지의 은혜를 아는 사람은 다른 사람의 허물을 덮습니다.

셈과 야벳 그리고 함이 구분되는 것은 장차 세상에 두 가지 인류가 있을 것을 의미합니다. 타락한 옛 마인드를 가진 인류와 하나님의 마인드를 가진 인류입니다.

타락한 세상 마인드를 갖는다는 것은 하나님의 은혜를 포기하는 행위입니다. 타락한 마인드는 복을 받을 수 없습니다. 그러나 하나님의 마인드를 가진 인류는 복을 받습니다.

시대가 타락하면 두 가지 양상이 나타납니다. 그것을 보고 징조를 알게 됩니다. 첫째는 성적 타락이고, 둘째는 폭력입니다. 강포한 힘의 논리가 작용합니다. 이 두 가지의 강도가 얼마나 센가에 따라서 하나님의 심판의 정도가 결정됩니다.

언젠가 아이들을 데리고 수영장에 놀러 간 적이 있습니다. 아내가 수영하다가 뭔가 밟았는데 미끌미끌했습니다. 비닐인가 하고 집어 올렸더니 똥이었습니다. 누가 수영장 안에다 똥을 싸 놓은 것입니다. 이제 어떻게 해야 할까요? 저만치 가서 수영하면 될까요? 아닙니다. 즉시 물에서 나와야 합니다. 똥이 담긴 물은 다 똥물이기 때문입니다.

죄는 똥과 같습니다. 죄를 짓는 순간 다 죄입니다. 사람이 선한 행동을 하고 아름다움을 추구하고 정직하고 바르게 살아간다고 해도 그의 안에 죄의 성질이 있는 것을 부인할 수 없습니다. 이것이 인간의 한계입니다. 결국은 진리로 가지 못하고 죄로 물드는 것입니다.

Part 4

절망하라
그래야
소망을 보리라

"여호와께서 아브람에게 이르시되
너는 너의 고향과 친척과 아버지의 집을 떠나
내가 네게 보여 줄 땅으로 가라"

창 12:1

Chapter 10
너는 섞고
나는 구별한다

"노아의 아들 셈과 함과 야벳의 족보는 이러하니라 홍수 후에 그들이 아들들을 낳았으니 야벳의 아들은 고멜과 마곡과 마대와 야완과 두발과 메섹과 디라스요 고멜의 아들은 아스그나스와 리밧과 도갈마요 야완의 아들은 엘리사와 달시스와 깃딤과 도다님이라 이들로부터 여러 나라 백성으로 나뉘어서 각기 언어와 종족과 나라대로 바닷가의 땅에 머물렀더라"(창 10:1-5).

홍수 후에 노아는 350년을 더 살다가 950세에 죽었습니다. 창세기 5장에서 시작됐던 죽음의 족보가 9장 29절에서 드디어 끝난 것입니다. 죽음의 족보를 통해 무엇을 알 수 있습니까? 하나님과 동행해도 죄의 문제는 본질적으로 해결되지 않는다는 것입니다. 그러나 거기에도 소망은 있습니다. 에녹과 노아처럼 하나님과 동행하는 은혜를 누릴 수 있다는 것입니다.

이제부터는 홍수 이후 세대, 즉 셈과 함과 야벳의 족보 시대로 들어갑니다. 이들에게서 땅의 백성이 나뉘었습니다.

니므롯의
나라

창세기 10장은 "노아의 아들 셈과 함과 야벳의 족보"(창 10:1)로 시작됩니다. 홍수 이후 세대의 족보입니다. 2절부터 5절까지는 야벳의 족보요, 6절부터 20절까지는 함의 족보요, 그다음 21절부터 31절까지는 셈의 족보입니다. "홍수 후에 이들에게서 그 땅의 백성들이 나뉘었더라"(창 10:32)고 기록되어 있습니다.

그런데 이 족보 안에 바벨탑 사건이 들어 있음을 알 수 있습니다. 기록된 순서로 봐서는 바벨탑 사건이 뒤에 기록되었으나 실제로는 이 족보 안에 사건이 섞여 있습니다. 따라서 성경을 기록된 순서대로만 보면 안됩니다. 그렇게 쓰인 책이 아니기 때문입니다. 기록된 순서가 연대순이 아니라는 뜻입니다.

"이들로부터 여러 나라 백성으로 나뉘어서 각기 언어와 종족과 나라대로 바닷가의 땅에 머물렀더라"(창 10:5).

"이들은 함의 자손이라 각기 족속과 언어와 지방과 나라대로였더라"(창 10:20).

바벨탑 사건 전에는 "온 땅의 언어가 하나요 말이 하나"(창 11:1)였다고 했는데 위의 족보를 보면 이때 언어가 나뉘었음을 알 수 있습니다. 즉 이때 바벨탑 사건이 일어났다는 것입니다. 바벨탑 사건은 뒤에서 다시 자세히 다루게 될 것입니다.

야벳의 족보에는 14명이 등장하고, 함의 족보에는 30명, 셈의 족보에는 26명이 등장합니다. 다 합하면 70명입니다. 성경에서 70은 세계 열국을 상징합니다. 쉽게 말해서 의도적으로 70명에 맞추어 기록한 것입니다. 야벳이 후손을 14명밖에 낳지 않았다는 뜻이 아니라 의도적으로 맞추느라 14명이 된 것입니다. 따라서 눈에 보이는 숫자만으로는 성경을 제대로 해석할 수 없습니다.

야벳 후손의 업적은 별로 특이할 만한 것이 없습니다. 재미있는 것은 야벳의 아들은 고멜, 마곡, 마대, 야완, 두발, 메섹, 디라스로 7명을 기록해 놓고, 그 아들들 중에서 고멜의 아들 3명과 야완의 아들 4명만 기록했다는 사실입니다. 즉 야벳의 족보에는 아들 7명과 손자 7명이 기록된 것입니다. 의도적으로 7과 7로 맞추어 기록한 것을 알 수 있습니다.

14는 참 재미있는 숫자입니다. 야벳의 아들 7명 완전수, 손자 7명 완전수입니다. 하나님이 야벳을 창대케 하셔서 야벳의 후손이 이방 열국으로 번져 나갔음을 보여 줍니다.

창세기 46장을 보십시오.

> "이들은 라반이 그의 딸 라헬에게 준 빌하가 야곱에게 낳은 자손들이니 모두 칠 명이라 야곱과 함께 애굽에 들어간 자는 야곱의 며느리들 외에 육십육 명이니 이는 다 야곱의 몸에서 태어난 자이며 애굽에서 요셉이 낳은 아들은 두 명이니 야곱의 집 사람으로 애굽에 이른 자가 모두 칠십 명이었더라"(창 46:25-27).

야곱의 집 사람으로 애굽에 이른 자가 모두 몇 명이라고 합니까? 70명입니다. 무슨 뜻입니까? 세계 열국, 믿음의 열국을 뜻합니다. 70명이 애굽으로 내려갔지만 하나님은 이들을 통해서 온 민족에게 복의 근원이 되게 하셨습니다. 그래서 70으로 열국을 상징하게 된 것입니다.

함의 족보에서 눈여겨봐야 할 것은 니므롯입니다.

> "구스가 또 니므롯을 낳았으니 그는 세상에 첫 용사라 그가 여호와 앞에서 용감한 사냥꾼이 되었으므로 속담에 이르기를 아무는 여호와 앞에 니므롯같이 용감한 사냥꾼이로다 하더라"(창 10:8-9).

겉보기에는 꼭 하나님 앞에서 은혜 받은 사람 같습니다. 그러나 '용감한 사냥꾼'이란 '강한 사냥꾼'으로서 '사람 사냥꾼, 노예 사냥꾼'이란 뜻도 있습니다. 여기서 말한 '세상의 첫 용사'란 '강포한 자 또는 광폭한 자'를 뜻합니다. 즉 폭군을 가리키는 말입니다. 니므롯은 그냥 노예 사냥꾼 정도가 아니라 전제 군주로서 사람을 사냥하는 자였음을 뜻합니다.

"그의 나라는 시날 땅의 바벨과 에렉과 악갓과 갈레에서 시작되었으며 그가 그 땅에서 앗수르로 나아가 니느웨와 르호보딜과 갈라와 및 니느웨와 갈라 사이의 레센을 건설하였으니 이는 큰 성읍이라"
(창 10:10-12).

니므롯의 나라는 훗날 바벨론 제국으로 이어집니다. 그만큼 영역이 넓은 것입니다. 그가 앗수르로 나아가 "니느웨와 르호보딜과 갈라와 및 니느웨와 갈라 사이의 레센을 건설하였으니 이는 큰 성읍"이라고 했습니다. 얼마나 컸는지, 요나서 3장을 보십시오.

"요나가 여호와의 말씀대로 일어나서 니느웨로 가니라 니느웨는 사흘 동안 걸을 만큼 하나님 앞에 큰 성읍이더라"(욘 3:3).

고고학적 발굴에 따르면, 니느웨는 둘레가 96킬로미터에 달하는 큰 성이었습니다. 동쪽에서 서쪽까지 직경이 30킬로미터에 1,500개의 탑이 있고 성벽 위로 마차가 지나다닐 정도였습니다. 굉장히 큰 성읍이었습니다.

그런데 니므롯은 '반역자'라는 뜻입니다. 어떤 인물인지 짐작이 될 것입니다. 사람들을 주무를 수 있는 힘을 가진 폭군이었습니다. 그의 나라는 인본주의 나라였습니다. 하나님의 뜻에 반하는 나라였다는 뜻입니다.

그의 나라는 "시날 땅의 바벨과 에렉과 악갓과 갈레에서 시작"되었다고 했습니다. 창세기 11장에도 시날이 등장합니다.

"이에 그들이 동방으로 옮기다가 시날 평지를 만나 거기 거류하며"
(창 11:2).

바로 시날에 바벨탑이 들어섭니다. 결국 바벨탑을 쌓은 나라는 니므롯의 나라인 셈입니다. 니므롯이 바벨탑을 쌓는 주축이 된 것입니다. 강한 힘과 능력이 있으니까 사람들을 모아서 바벨탑을 쌓고 이름을 내자고 주장할 수 있었던 것입니다.

쉽게 말해서 바벨탑이 세워진 시기는 함의 족보 가운데 니므롯이 살던 시대였다는 것을 알 수 있습니다. 하나님의 뜻에 반역한 인본주의 나라, 강한 힘과 능력이 있는 나라, 힘으로 하나님께 대항하고 대적하는 나라가 바로 니므롯의 나라입니다.

가나안을
바라보라

함의 족보에서 특이한 점은 갑자기 가나안이 튀어나왔다는 것입니다.

"가나안은 장자 시돈과 헷을 낳고"(창 10:15).

실제로 가나안 땅의 경계가 시돈이고, 하나님이 아브라함에게 "너는 너의 고향과 친척과 아버지의 집을 떠나 내가 네게 보여 줄 땅으로 가라"(창 12:1)고 지시하신 땅이 바로 가나안이었습니다. 참으로 놀라운 일입니다.

왜 놀라운 일인가 하면, 하나님이 약속하신 땅은 젖과 꿀이 흐르는 땅인데 그 땅이 알고 보니 하나님께 반역하는 나라를 세운 족속의 땅, 즉 노아의 수치를 드러냄으로써 저주를 받은 함의 후손이 다스린 나라였다는 것입니다.

하나님이 택하신 자가 좋은 데 정착하지 않고, 저주 받고 천한 곳을 다스려 하나님나라로 만드는 꿈이 하나님께 있었다는 뜻입니다.

그래서 아브람 한 사람을 불러내어 인도하셨습니다. 후에 소돔과 고모라 심판 때 아브라함이 드린 기도가 놀랍습니다.

"아브라함이 가까이 나아가 이르되 주께서 의인을 악인과 함께 멸

하려 하시나이까 그 성 중에 의인 오십 명이 있을지라도 주께서 그

곳을 멸하시고 그 오십 의인을 위하여 용서하지 아니하시리이까"

(창 18:23-24).

아브라함이 소돔과 고모라를 위해 중보했습니다. 하나님이 아브라함을 부르신 목적이 보이지 않습니까? 저주 받은 소돔과 고모라를 위해 기도하라는 것입니다. 하나님은 한 명이라도 더 구원하고 싶으시기 때문입니다.

이스라엘 백성은 약속의 땅 가나안을 바라보고 축복해야 했습니다. 그래서 가나안으로 들어가는 것입니다. 왜 들어가야 합니까? 그곳이 아브람을 인도하신 땅이기 때문입니다. 참으로 의미심장한 내용입니다.

가나안은 저주 받은 함의 나라이기 때문에 망해야 하는데, 하나님은 선택의 축복을 받은 백성이 바라보고 나아가야 할 땅으로 만드셨습니다.

"셈은 에벨 온 자손의 조상이요 야벳의 형이라 그에게도 자녀가 출생하였으니"(창 10:21).

셈의 족보의 시작이 무척 재미있습니다. 셈은 야벳의 형이며 '에벨 온 자손의 조상'입니다. 그런데 에벨이 누구입니까?

"셈의 아들은 엘람과 앗수르와 아르박삿과 룻과 아람이요 아람의

아들은 우스와 훌과 게델과 마스며 아르박삿은 셀라를 낳고 셀라는 에벨을 낳았으며 에벨은 두 아들을 낳고 하나의 이름을 벨렉이라 하였으니 그때에 세상이 나뉘었음이요 벨렉의 아우의 이름은 욕단이며"(창 10:22-25).

셈의 족보를 보면 에벨이 셀라 다음으로 등장하는 것을 볼 수 있습니다. 꽤 나중에 태어난 사람입니다. 그런데 처음부터 셈을 에벨 온 자손의 조상이라고 소개한 것을 보면 에벨이 매우 중요한 인물임을 알 수 있습니다. 에벨에게는 아들이 둘 있었는데 하나의 이름은 벨렉이고 그 아우는 욕단입니다. 벨렉의 때에 세상이 나뉘었다고 합니다. '벨렉'에는 '쪼개다, 나누다'라는 뜻이 있습니다. 세상이 나뉘었습니다.

그렇습니다. 벨렉 때에 바벨탑 사건이 있었던 것입니다. 그 결과 세상이 나뉘어서 사방으로 흩어졌습니다. 따라서 에벨이 벨렉을 낳았을 때 니므롯이 바벨탑을 쌓았던 것입니다.

벨렉의 때에 세상이 나뉘었다고 했는데, 셈의 족보가 나뉜 것입니다. 셈의 족보는 욕단의 족보와 벨렉의 족보로 나뉘었습니다.

"욕단은 알모닷과 셀렙과 하살마윗과 예라와 하도람과 우살과 디글라와 오발과 아비마엘과 스바와 오빌과 하윌라와 요밥을 낳았으니 이들은 다 욕단의 아들이며 그들이 거주하는 곳은 메사에서부터 스발로 가는 길의 동쪽 산이었더라 이들은 셈의 자손이니 그 족속과 언어와 지방과 나라대로였더라"(창 10:26-31).

욕단은 '작다, 적게 여기다'라는 뜻을 가졌습니다. '작은 자'를 의미합니다. 욕단의 족보는 창세기 10장에 야벳과 함의 족보 다음에 연속해 나와 바벨탑 사건 전까지 이어집니다. 그런데 벨렉의 족보는 어디에 있을까요?

"에벨은 삼십사 세에 벨렉을 낳았고 벨렉을 낳은 후에 사백삼십 년을 지내며 자녀를 낳았으며 벨렉은 삼십 세에 르우를 낳았고"(창 11:16-18).

다른 씨를
나누다

벨렉의 족보는 11장에 바벨탑 사건 이후 등장합니다. 이렇게 셈의 족보는 욕단의 족보(10장)와 벨렉의 족보(11장)로 나뉘었습니다.

이것은 창세기 5장에서 시작된 족보가 9장에서 마무리되었던 것과 마찬가지로 10장에서 야벳과 함과 셈의 족보 중에 욕단의 족보를 묶고, 11장에서 벨렉의 족보를 따로 보여 줍니다. 두 족보를 아예 나눈 것입니다.

욕단의 족보가 바벨탑을 쌓았습니다. 그러나 하나님은 벨렉의 족보 중에 다른 씨를 남겨 두셨습니다. 바벨탑 사건에 참여하지 않은 다른 씨입니다.

그래서 벨렉 때 세상이 나뉘었다고 하는 것입니다. 셈의 족보가 나뉘었다는 뜻입니다. 셈의 족보가 나뉘면서 결국 인류는 바벨탑을 향해 나아가는 것을 볼 수 있습니다. 하나님이 아브라함으로 이어지도록 준비하신 다른 씨는 바로 벨렉입니다.

벨렉의 족보는 셈의 족보에서부터 시작됩니다. 즉 셈의 족보를 이어 가는 자입니다. 셈에서부터 아르박삿, 셀라, 에벨, 벨렉, 르우, 스룩, 나홀, 데라 그리고 아브람까지 10대가 흘렀습니다. 완전수인 10대를 썼다는 것은 성경에서 의도적으로 드러내고 싶은 것이 있다는 뜻입니다.

창세기 5장에서 셋에서 노아까지도 완전수인 10대를 썼습니다. 그중에 7대가 에녹이고 10대가 바로 노아입니다. 둘 다 완전수에 맞게 족보에 들어갔습니다. 마찬가지로 셈에서부터 아브람까지도 완전수인 10대를 맞추어 기록했습니다. 성경이 10대라는 완전수를 사용한 것은 이 족보는 사람들로 말미암아 생긴 우연한 족보가 아니라 하나님께서 친히 '다른 씨'를 준비하시어 인류를 구원하기 위한 족보라는 것입니다.

인류가 망해 갈 때 하나님이 다른 씨를 통해 구원을 이루시는 것처럼 모두가 바벨탑을 쌓을 때 셈의 족보를 잇는 벨렉을 거쳐 완전수 10대에 이르는 아브라함에 이르기까지 다른 씨를 준비하고 계셨던 것입니다.

타락한 인류가 물의 심판을 향해 갈 때 하나님은 노아라는 다른 씨를 준비하셨던 것처럼, 또다시 타락한 인류가 바벨탑을 쌓을 때 하나님은 아브라함이라는 다른 씨를 준비하셨습니다. 마찬가지로 인류가 악화일로에 있을 때 다윗이라는 다른 씨를 주셨고, 인류가 멸망으로 갈 때 예수 그리스도를 준비하셨습니다. 하나님의 역사하심이 놀랍습니다.

따라서 숫자를 세고 계산하는 것은 별 의미가 없습니다. 하나님은 의미에 따라 수를 부여하시기도 하기 때문입니다.

믿음의 조상 아브라함이 별안간 튀어나온 게 아니라 하나님이 아브라함을 준비시킬 때까지 인류의 죄악이 어떻게 흘러갔는지를 보여 줍니다. 하나님은 아브라함을 통해 직접 역사에 개입하기로 하신 것입니다.

그런데 아브라함이 누구입니까? 하나님의 선택을 받기는 했는데 툭하면 아내를 숨기고 거짓말을 하는 사람입니다. 그런데 하나님은 그를 붙잡고 만들어 가십니다. 사사 시대에 이스라엘이 타락하고 망해 갔을 때 다윗을 통해 이스라엘 나라를 이어 가시고, 후에 그리스도를 보내시어 하나님나라까지 이어지게 하셨습니다. 결국은 하나님이 이어 가시는 것입니다.

인류가 어디를 향해 가는가 지켜봤더니 바벨탑을 향해 가고 있었습니다. 그러나 셈의 족보 중에 에벨에서 벨렉의 족보가 나뉨으로써 셈은 에벨의 온 자손의 조상이라고 불렸습니다. 10장의 족보가 바벨탑 사건으로 가는 족보라면 11장은 믿음의 조상 아브라함으로 가는 족보입니다. 이렇게 인류는 다시 두 줄기로 나뉘게 되었습니다.

Chapter 11
높게 쌓을수록
멀리 흩어지리라

바벨탑 사건에서 가장 중요한 것은 언어가 하나였다는 사실입니다. 나중에 하나님이 오셔서 흩기 전까지는 언어가 하나요 말이 하나였습니다.

언어는 마인드를 뜻합니다. 그러니까 언어는 단순히 말만을 가리키지 않습니다. 중국어를 하면 중국인의 마인드를 이해하게 됩니다. 영어를 하면 영어권의 마인드를 이해합니다. 이처럼 언어에는 정신이 담깁니다. 언어가 곧 마인드라고 했으니 바벨탑 사건이 있기 전까지는 언어가 하나, 마인드도 하나였다는 뜻입니다.

"온 땅의 언어가 하나요 말이 하나였더라 이에 그들이 동방으로 옮기다가 시날 평지를 만나 거기 거류하며 서로 말하되 자, 벽돌을 만들어 견고히 굽자 하고 이에 벽돌로 돌을 대신하며 역청으로 진흙을 대신하고 또 말하되 자, 성읍과 탑을 건설하여 그 탑 꼭대기를 하늘에 닿게 하여 우리 이름을 내고 온 지면에 흩어짐을 면하자 하였더니"(창 11:1-4).

그런데 사람들은 죄의 마인드로 가득 차 있었습니다. 하나님을 떠나서 자기의 이름을 내고자 하는 마인드입니다. 이름을 내고 흩어짐을 면하자는 것입니다.

왜 흩어짐을 면하자는 말을 했을까요? 하나님을 떠난 자의 두려움 때문입니다. 가인이 성을 쌓아서 자기를 보호하려고 했던 것처럼, 본능적으로 자신을 보호하기 위해 자기 이름을 내고 싶은 것입니다. 하나님의 이름이 아닙니다. 이것이 바벨탑입니다.

높이 쌓자

죄가 들어오면 두 가지 양상이 벌어집니다. 하나는 자기 이름을 내고자 하는 것이고, 또 하나는 죄인들끼리 뭉치는 것입니다. 흩어짐을 면하고자 자꾸만 세력화하는 현상이 있습니다. 함께하면 같은 편이지만 함께하지 않으면 왕따가 되는 것입니다. 죄는 자신을 드러내고 자기에게 협력하지 않는 자들에게 적대감을 보입니다. 이것이 죄된 양상입니다. 놀랍게도 인간들은 누구나 다 이 두 가지 양상을 가지고 있습니다.

> "서로 말하되 자, 벽돌을 만들어 견고히 굽자 하고 이에 벽돌로 돌
> 을 대신하며 역청으로 진흙을 대신하고 또 말하되 자, 성읍과 탑을
> 건설하여 그 탑 꼭대기를 하늘에 닿게 하여 우리 이름을 내고 온 지
> 면에 흩어짐을 면하자 하였더니"(창 11:3-4).

직역하면 벽돌들로 건축하자는 것입니다. '벽돌'이 강조되는데 '단단
한 돌'을 가리킵니다. 그리고 아주 높은 탑을 쌓기 위해 역청, 즉 천연 아
스팔트를 깔았습니다. 꼭대기가 하늘에 닿게 만들어야 하니 단단하고
높게 쌓아야 했습니다.

하나님 안에 있으면 주님의 이름을 내고 연합하고자 하는 마음이 있습
니다. 그런데 죄 가운데 있으면 자기가 우두머리가 되어 자기 이름을 내
고 자기 이익이 있어야 하고 마음이 통하는 죄인들끼리 연합하고자 합니
다. 죄의 동질감을 느낌으로써 만족감을 얻는 것입니다. 반면에 자기가
만든 공동체 안으로 끌어당기는데도 그가 오지 않으면 적대시합니다.

이것이 바벨탑을 쌓는 문화의 특징입니다. 두려운 것입니다. 그렇게
세력화해야 안정감을 느낄 수 있습니다. 왜냐하면 하나님을 의지하지
않고 힘의 논리로 살아야 하기 때문입니다. 쉽게 말해서 세상적 능력이
나 통장에 돈이 있어야만 안심이 되고 불안하지 않은 것입니다.

"여호와께서 사람들이 건설하는 그 성읍과 탑을 보려고 내려오셨더라 여호와께서 이르시되 이 무리가 한 족속이요 언어도 하나이므로 이같이 시작하였으니 이 후로는 그 하고자 하는 일을 막을 수 없으리로다 자, 우리가 내려가서 거기서 그들의 언어를 혼잡하게 하여 그들이 서로 알아듣지 못하게 하자 하시고 여호와께서 거기서 그들을 온 지면에 흩으셨으므로 그들이 그 도시를 건설하기를 그쳤더라 그러므로 그 이름을 바벨이라 하니 이는 여호와께서 거기서 온 땅의 언어를 혼잡하게 하셨음이니라 여호와께서 거기서 그들을 온 지면에 흩으셨더라 셈의 족보는 이러하니라 셈은 백 세 곧 홍수 후 이 년에 아르박삿을 낳았고"(창 11:5-10).

하나님이 바벨탑을 살피기 위해 내려오셨습니다. 성경에서 '하나님이 내려오시다'라는 것은 그냥 살피기 위함이 아닙니다. 일단 내려온다는 것은 심판을 전제로 한 것입니다. 죄악이 가득한 것을 이미 알고 움직이셨다는 뜻입니다.

소돔과 고모라를 멸하러 가실 때도 마찬가지였습니다. 둘러보고 살피려는 것이 아니라 곧 가서 심판을 행동으로 옮기시겠다는 뜻입니다.

하나님이 보시니 무리가 한 족속을 이루어 언어도 하나인지라 앞으로 하고자 하는 일을 막지 못하겠다고 생각하셨습니다. 죄에 대한 동질성이 강한 집단입니다.

그러니 "우리가 내려가서 거기서 그들의 언어를 혼잡하게 하자"고 하셨습니다. 바벨의 뜻이 '혼잡'입니다. 그런데 이 '혼잡'이라는 단어가 재미있습니다. '서로 알아듣지 못하게 여호와께서 그들을 거기서 온 지면에 흩으셨으므로 부수다, 산산이 깨트리다, 강제로 땅에 흩어 버리다'라는 뜻입니다. 확 던져서 깨트리는 것입니다. 그렇게 그들을 강제로 흩어 버리시므로 그들이 서로 알아듣지 못하고 흩어져 도시의 건설이 중단되었습니다.

두 번째 바벨탑을 주의하라

창세기 1장부터 11장이 왜 서론인 줄 아시겠습니까? 창조와 죄의 기원과 인간의 죄된 모습을 담고 있기 때문입니다.

하나님이 언어를 흩으시기 전에 하신 말씀에 주목하십시오. "하고자 하는 일을 막을 수 없으리로다"(창 11:6)라고 하셨습니다. 막을 수 없다니…. 하나님이 하실 수 없다는 것입니다. 그렇다면 하나님이 하실 수 있는 일은 무엇입니까? 언어를 흩으시는 것입니다.

첫 번째 바벨탑은 언어와 마인드가 하나였기 때문에 흩음으로써 하나 되는 마인드를 흩어 버리셨습니다. 인류는 모두 같은 마인드의 뿌리를 가지고 살다가 흩어졌습니다. 하나 되어 이름을 내려고 하다가 오히려 이름이 무너졌고, 흩어짐을 면하려 했다가 도리어 흩어지게 되었습니다.

그러나 또다시 하늘에 도전하는 두 번째 바벨탑이 세워진다면 이때가 바로 세상의 마지막 심판 때일 것입니다.

언어가 다시 하나가 되면 어떤 일이 벌어질까요? 또 흩으실까요? 마지막 때가 오면 여러 가지 종말의 징조가 나타난다고 했습니다. 사람이 강퍅해지고 천재지변과 지진이 있고 징조가 있을 것입니다. 징조 중에 하나가 바로 '하나 되는 것'입니다. 적그리스도가 오려면 하나가 돼야 합니다. 지구촌 시대인 요즘 언어가 하나 되고 있습니다. 만약에 다시 언어가 하나 된다면 인간은 또 바벨탑을 쌓을 것입니다.

두 번째 바벨탑을 쌓는 날이 곧 심판의 날입니다. 두 번째 바벨탑을 쌓는 건 니므롯이 아니라 적그리스도일 것입니다. 다시 언어가 하나 되면 세계 평화를 부르짖으며 하나 됨을 과시할 것이고 이름을 내고 단단한 동질감을 갖게 될 것입니다.

세상은 이미 하나 되어 가기 시작했습니다. 미국과 유럽의 많은 나라와 뉴질랜드에서 동성애자법이 통과되었습니다. 어쩌면 우리 한국에서도 통과될지 모릅니다. 아니 세계 모든 나라에서 통과될지도 모릅니다. 이제는 민족이란 게 별 의미가 없어졌습니다. 지구촌 시대는 어디든 자유롭게 왔다갔다할 수 있는 시대입니다. 심지어는 외국어를 굳이 배우지 않아도 자동번역기가 통역해 주는 시대가 옵니다. 매우 편리하고 좋을 것 같지 않습니까?

그러나 언어가 하나 되면 그다음은 무엇을 할 것 같습니까? 짝짜꿍하고 놀 것 같습니까? 아닙니다. 그다음은 분명히 우리 이름을 내자고 할 것입니다. 다시 바벨탑을 쌓을 것입니다. 하나님이 전에는 어쩔 수 없어서 유일한 방법으로 흩어짐을 택하셨다면, 이제 다시 두 번째 바벨탑이 세워진다면 다시 흩는 게 아니라 주님이 직접 심판하러 오실 것입니다.

때를 알아야 합니다. 무서운 일입니다.

또 한 가지 징조가 있습니다. 복음이 땅끝까지 흘러가야 합니다. 십자가와 교회를 모르는 족속이 지구 상에 몇 퍼센트나 될까요? 내가 아는 선교사님의 보고에 따르면, 십자가를 한 번도 본 적이 없는 족속이 약 2-3퍼센트라고 합니다. 아직 잘 알려지지 않은 오지에만 복음이 흘러가지 못했다고 합니다. 그러나 아무리 복음을 전하기 어려운 오지라도 지금과 같은 교통과 통신의 발달 속도라면 복음이 들어가는 것은 시간문제입니다.

"모든 길은 로마로 통한다"는 말이 있습니다. 세계를 정복한 로마제국은 식민지들로부터 세금을 쉽게 거두기 위해서 사방으로 길을 내었습니다. 그런데 놀랍게도 그 길을 통해서 복음이 널리 전파되었습니다. 교통과 통신의 발달은 그동안 가기 힘들었던 아마존 오지와 같은 곳에도 복음을 전하게 할 것입니다.

더구나 복음이 들어가는 속도는 우리의 상상을 뛰어넘습니다. 통신 장비가 발달함에 따라 복음도 빨리 전파될 것입니다. 복음이 모든 곳에 들어가면 세상도 하나 되기 시작할 것입니다.

세상이 하나 된다는 것은 복음도 그 안에 들어간다는 뜻입니다. 모든 곳에 들어간다는 것은 모든 곳이 열렸다는 뜻입니다. 모든 것이 열렸다는 것은 모든 것이 하나 될 수 있는 것입니다. 하나 된 순간에 조심해야 합니다. 무서운 일이 벌어질지도 모릅니다.

통신의 발달은 복음만이 아니라 세상도 하나로 뭉치는 데 사용될 것이기 때문입니다.

Chapter 12

나는 다른 씨를
준비한다

"나홀은 이십구 세에 데라를 낳았고 데라를 낳은 후에 백십구 년을
지내며 자녀를 낳았으며 데라는 칠십 세에 아브람과 나홀과 하란을
낳았더라 데라의 족보는 이러하니라 데라는 아브람과 나홀과 하란
을 낳고 하란은 롯을 낳았으며 하란은 그 아비 데라보다 먼저 고향
갈대아인의 우르에서 죽었더라"(창 11:24-28).

하나님을 찬송한 자, 하나님이 축복하신 자 셈의 족보에서 에벨에 이
어 벨렉을 거쳐 데라와 아브라함까지 10대가 쭉 기록되었습니다.

데라가 70세에 아브람을 낳았습니다. 아브람은 '존귀한 아버지'라는
뜻입니다. 하나님이 아브라함으로 고쳐 부르면서 아브라함은 '열국의

아버지'가 되었습니다. 존귀한 아버지를 넘어서서 모든 이의 아버지가
된 것입니다.

아브람의 아버지, 데라

데라가 죽은 하란은 우르 문명의 끝에 있는 도시입니다. 우르 문명은
당시에 굉장히 발전된 문명이었습니다. 수세식 화장실까지 갖출 정도였
습니다. 문명의 발상지였던 것입니다.

우르 문명의 끝에 있는 도시인 하란은 이해하기 쉽게 설명하자면 신
의주와 같은 곳입니다. 신의주를 넘어가면 어디입니까? 중국입니다. 그
러니까 데라가 하란 땅으로 갔다는 것은 아직 본토 친척 아비 집을 떠난
게 아니었다는 말입니다. 하란을 넘어가야 본토 친척 아비 집을 떠나는
것이 됩니다. 그런데 아브람이 하나님의 말씀을 따라 아버지 데라를 모
시고 갔지만 데라는 믿음의 길을 떠난 사람이 아니었습니다. 하나님은
데라가 죽은 다음에야 아브라함을 본격적으로 떠나게 하셨습니다.

셈의 족보를 보면 약속의 땅인 가나안을 향해 가고자 한 사람은 아브
람이 아니라 데라였다고 기록되어 있습니다.

"데라가 그 아들 아브람과 하란의 아들인 그의 손자 롯과 그의 며

느리 아브람의 아내 사래를 데리고 갈대아인의 우르를 떠나 가나안 땅으로 가고자 하더니 하란에 이르러 거기 거류하였으며"(창 11:31).

그런데 스데반은 다른 이야기를 들려줍니다.

"스데반이 이르되 여러분 부형들이여 들으소서 우리 조상 아브라함이 하란에 있기 전 메소보다미아에 있을 때에 영광의 하나님이 그에게 보여 이르시되 네 고향과 친척을 떠나 내가 네게 보일 땅으로 가라 하시니 아브라함이 갈대아 사람의 땅을 떠나 하란에 거하다가 그의 아버지가 죽으매 하나님이 그를 거기서 너희 지금 사는 이 땅으로 옮기셨느니라"(행 7:2-4).

스데반에 의하면 하나님의 말씀을 들은 것은 데라가 아니라 아브람이었습니다. 그런데 창세기 11장은 데라가 들은 것처럼 기록하고 있습니다. 왜 그럴까요?

이런 기록의 차이는 히브리의 독특한 문화 때문입니다. 아버지가 살아 있을 때는 그 아들의 역사가 아버지의 역사로 기록되는 전통이 있었습니다. 우리는 대개 창세기 12장부터 24장까지가 아브라함의 이야기, 그다음에 이삭과 야곱 그리고 요셉까지 순서대로 이야기가 흘러간다고 이해하고 있습니다만 히브리 성경은 그렇게 이해하지 않습니다. 요셉의 이야기가 따로 있는 것이 아니라 아버지 야곱의 역사로 기록되기 때문입니다. 따라서 창세기 마지막 49장까지가 모두 야곱의 역사입니다. 야곱이 살아 있는 한 요셉의 역사는 야곱의 역사로 기록되는 것이 히브리식 역사 기록 방법입니다. 마찬가지로 아브람이 떠났을 때 아버지 데라가 아직 생전에 있었으므로 창세기 11장에서는 데라가 가나안을 향해 간 것처럼 기록한 것입니다. 그리고 아버지 데라가 죽은 뒤인 12장부터는 본격적으로 아브라함의 이야기가 시작됩니다.

> "여호와께서 아브람에게 이르시되 너는 너의 고향과 친척과 아버지의 집을 떠나 내가 네게 보여 줄 땅으로 가라"(창 12:1).

여기서 "여호와께서 아브람에게 이르시되"라는 언급은 아브람과 데라를 구별하기 위해서 일부러 언급한 것입니다. 아브람이 새로운 시작점이 됨을 정식으로 알리는 것입니다. 새로운 인류의 시작이 되었던 노아처럼, 아브람도 믿음의 조상이 되었습니다. 믿음이라는 다른 길, 즉 새로운 길을 가게 된 것입니다.

아브람의 길, 아브라함의 길

아브람의 길에는 두 가지 특징이 있습니다. 첫 번째 특징은 말씀을 따라간 길이었다는 것입니다. 단순히 믿는 자로서 말씀을 따라간다는 개념이 아닙니다.

중국에 가면 내 마음대로 다니지 못합니다. 의사소통이 안 되기 때문입니다. 식당에 가도 음식을 주문할 수가 없습니다. 설사 주문에 성공했더라도 중국 음식이 내 입에 맞지 않습니다. 향신료를 빼달라고 주문하고 싶지만 할 수가 없습니다. 그러니 가이드에게 철저히 의존할 수밖에 없습니다. 가이드가 시키는 대로 따라가야 하고 주문하는 대로 먹어야 합니다.

쉽게 말해서 말씀을 따라간다는 것은 인간의 생각과 경험을 넘어선 길을 가는 것입니다. 아브람이 경험하지 못한, 생각하지도 못한 길을 따라가는 것입니다. 말씀밖에는 따라갈 수 없는 길이 믿음의 길입니다. 인간의 경험을 넘어서서 하나님을 좇아가는 것이 믿음입니다. 믿음은 하나님이 열어 가시는 길입니다.

두 번째 특징은 아브람이 가는 길은 구분된 길이라는 것입니다. 데라의 우르와도 비교되고 바벨탑이 세워진 시날 평지와도 비교가 됩니다. 하나님을 떠난 인류는 바벨탑을 쌓는데 하나님의 부름을 받은 아브람은 가는 곳마다 제단을 쌓고 여호와의 이름을 부르는 것입니다.

하나님의 말씀만으로는 인생길이 어디로 갈지 모르지만 그럼에도 믿음은 경험을 따라가지 않고 오직 하나님이 인도하시는 대로 따라가는 것입니다. 그리고 모든 과정에서 하나님의 인도하심이 옳다고 믿는 것입니다. 내 확신이 아니라 하나님의 인도하심을 의지하는 것입니다.

우리 아이가 나와 길을 떠날 때는 자기가 길을 알아서 가는 게 아니라 아빠를 믿기 때문에 따라나섭니다. 아빠가 길을 알 줄로 믿는 것입니다. 자기가 길을 아는 것은 그다음입니다. 하나님만 바라고 따라가는 것, 그게 믿음입니다. 하나님을 위해 단을 쌓는 것이 구분되는 믿음입니다.

인간이 제멋대로 길을 가면 자기의 이름을 내고자 하고 바벨탑을 쌓습니다. 그러나 하나님의 이름을 가지고 하나님의 이름을 부르며 하나님이 인도하는 길을 따라가는 자에게는 하나님이 친히 간섭하시고 길을 직접 보여 주십니다.

그럼으로써 소망은 인간의 능력에 있지 않고 하나님의 간섭하심에 있음을 보여 줄 것입니다. 하나님이 택하신 아브람을 어떻게 만들어 가시는지를 보여 줄 것입니다. 하나님의 역사가 시작된 것입니다.

창세기 1장부터 11장까지 계속되었던 인간의 좌절 속에서 아브라함이 등장했을 때 이스라엘 백성은 적잖이 놀랐을 것입니다. 왜냐하면 아브라함이 모든 믿는 자의 아버지, 즉 조상이 되기 때문입니다. 우리는 그를 통해서 하나님의 부르심을 깨닫고 부르신 목적을 배울 수 있습니다.

내가 보는 것을
너도 볼 수 있느냐

창세기 1장부터 11장까지의 기록은 실재한 역사로 읽어야 합니다. 바벨탑 사건 이후에 어떤 일이 벌어졌습니까? 인류가 흩어졌습니다. 홍수 이후 노아로부터 시작된 새로운 인류가 바벨탑을 쌓음으로써 흩어지게 된 것입니다. 그들은 조상의 이야기를 전해 듣고 자란 세대입니다. 특히 언어가 하나였을 때는 노아의 홍수 이야기를 공유했던 사람들입니다.

아마도 창세기에 있었던 이 이야기들은 모든 민족에게 구전으로 내려왔을 것입니다. 이스라엘 백성과 고대 근동의 다른 민족들에게도 내용은 조금씩 달라도 어쩌면 비슷한 내용의 이야기들이 전해져 내려왔을 것입니다. 특별히 이스라엘 백성에게 이런 이야기가 구전으로 전해졌다고 해도 종살이하느라 기록할 여력이 없었을 것입니다. 그래서 하나님은 모세를 선택하여 왕궁에서 훈련을 시키셨습니다. 그리고 하나님께서 직접 모세에게 창세기의 이야기가 사람들의 설화나 구전으로 내려오는 재미있는 이야기가 아닌 하나님의 구원의 역사임을 계시해 주신 것입니다.

하나님이 하신 일이라도 기록은 뒤늦게 할 수 있다는 말입니다. 기록한 시기가 다른 문헌보다 늦었다고 해서 성경이 다른 고대 근동 지방의 이야기를 가져 온 것이 아닙니다. 즉 오랜 세월 구전되어 온 이야기를 사람이 기록한 것이 아니라, 하나님이 '창세'에 있었던 역사를 모세를 통해서 나중에 기록케 한 것입니다.

홍수와 관련된 문헌은 굉장히 많습니다. 이것만 봐도 홍수가 실제로 일어난 일임을 알 수 있습니다. 수많은 곳에서 비슷한 이야기가 발견되는 것으로 봐서 홍수는 실재한 역사라고 할 수 있습니다. 다만 다른 민족들은 발견되는 흔적만 가지고 이야기를 지어내거나 왜곡해서 그 신

빙성이 떨어집니다. 그러나 하나님은 그 모든 것이 하나님에 의해, 하나님의 계획 안에서 벌어진 일임을 직접 설명하십니다. 따라서 다른 문헌들이 있다고 해서 그것이 성경보다 앞섰다고 섣불리 판단해서는 안 될 것입니다. 다른 문헌들과 성경이 부딪히는 문제가 생겼을 때 어떻게 해야 합니까? 다른 문헌을 근거로 성경을 다시 보기 시작하면 오히려 안 풀립니다. 성경을 볼 때는 성경이 진리라는 입장에서 봐야 합니다. 그래야 보입니다.

한 과학도가 "지구의 역사가 몇 년입니까?" 하고 물었습니다. 진화론에서는 46억 년이라고 주장합니다. 성경에 그런 언급은 없지만 1만 년이라고 가정해 봅시다. 46억 년과 1만 년, 그 차이가 엄청납니다. 성경은 1만 년이라고 하고, 과학은 46억 년이라고 주장한다면 둘 중에 어느 쪽이 맞을까요? 교회에서는 1만 년이 맞고, 학교에서 시험 볼 때는 46억 년이 맞다고 해야 합니까? 어려운 문제입니다.

나는 사람들이 보통 계산하는 성경의 연대 계산법에 동의하지 않습니다. 창세기 5장에 등장하는 아담의 후예들의 족보에 나이가 기록되어 있습니다. 사람들은 대개 그것으로 세대를 계산하는데 사실 미련한 짓입니다. 왜냐하면 성경의 족보는 우리와 같은 족보를 쓰지 않기 때문입니다. 마태복음의 족보를 봐도 의도적으로 몇 사람을 빼 버리는 걸 알 수 있습니다. 성경의 족보는 단순한 세대의 나열이 아니라 구원의 족보이기 때문입니다. 누가 몇 년을 살다 갔다는 기록이 중요한 게 아니란 뜻입니다. 그러니 이걸로 연대를 계산하는 것은 어리석은 짓입니다.

그래도 둘 중에 어느 것이 맞느냐고 묻는다면 나는 성경이 주장하는 1만 년이 맞다고 말할 것입니다. 그러면 과학도가 비웃을 것입니다. 종교의 맹신적인 믿음으로 과학적인 사실을 왜곡한다고 말입니다. 그러면 나는 이렇게 대꾸할 것입니다.

"우리가 무식한 게 아니라 너희가 무식한 거야!"

내 나이가 올해 쉰셋입니다. 과학적으로 내 신체를 분석해 들어가면 쉰셋이 나올 것입니다. 그런데 만약에 하나님이 나를 어제 이런 모습으로 창조하셨다면 어떻게 됩니까? 나는 태어난 지 얼마나 된 것일까요? 창조를 기준으로 보면 만 하루밖에 안 되었습니다. 그러나 하나님이 쉰세 살짜리로 만드셨기 때문에 과학적으로 추적해 들어가면 신체가 쉰세 살짜리로 나올 것입니다. 하나님은 46억 년짜리를 1초 만에도 만들 수 있는 분이십니다. 하나님이 아담을 지으실 때 갓난아기로 지으셨습니까? 아닙니다. 다 성장한 모습으로 지으셨습니다. 갓난아기가 자라기를 기다렸다가 갈빗대를 뽑을 리가 없기 때문입니다. 그러니 하나님의 능력을 모르는 과학도는 과학만 의지하고 그런 바보 같은 소리를 하는 것입니다. 하나님의 능력을 몰라도 너무 모르는 것입니다. 과학의 역사가 얼마나 된다고 그렇게 부들부들 떠는지 모르겠습니다. 하나님을 비웃기라도 하는 것입니까? 무엇이 진리인지를 알아야 합니다.

그리스도인이라면 사람의 지식에 기대지 말아야 합니다. 하나님의 능력에 의지하여 진리를 찾아야 합니다. 성경이 진리인 만큼 성경을 바탕으로 해답을 찾는 것이 옳습니다.

To be continued

성경을 의심하는 잘못을 저지르지 마십시오. 성경은 성령님의 감동으로 묵상해야 비로소 이해되는 책입니다. 기독교의 특징은 사랑이 아닙니다. 사랑은 기독교의 본질입니다. 왜냐면 하나님은 사랑이시기 때문입니다. 신의 능력을 따지는 이방 종교가 초월성의 종교라면 기독교는 계시의 종교입니다. 계시가 바로 기독교의 특징입니다.

하나님의 구원 이야기는 모두 계시로 설명되어 있습니다. 그래서 신앙이 자란 사람의 특징은 계시된 내용을 진리로 믿고 묵상하는 것입니다. 하나님의 말씀을 주야로 묵상하는 것입니다. 그러나 신앙이 미성숙한 사람들은 계시된 내용이 아닌 것들을 날마다 묵상합니다. 예를 들어서, '왜 인간은 귀가 두 개밖에 없을까? 왜 초록색 인종은 없는 것일까?'

따위의 문제를 묵상하느라 신앙이 자랄 틈이 없습니다.

에이브러햄 카이퍼(Abraham Kuyper), 벤자민 B. 워필드(Benjamin B. Warfield)와 더불어 칼빈주의 3대 신학자로 불리는 네덜란드 신학자 헤르만 바빙크(Herman Bavinck)는 이런 말을 남겼습니다.

"유한은 무한을 파악할 수 없다. 하나님을 아는 지식은 하나님의 계시에만 의존하고 말씀은 스스로 진리임을 증거한다."

하나님의 말씀을 이해하려면 성경에 의존해서 생각해야 답이 나옵니다. 다른 걸 의존하면 답이 나오지 않습니다. 기독교가 계시의 종교라는 것은 계시를 주시는 하나님을 알아 가는 종교라는 것을 의미하기 때문입니다. 하나님을 아는 것이야말로 믿음의 크기입니다.

"영생은 곧 유일하신 참 하나님과 그가 보내신 자 예수 그리스도를 아는 것이니이다"(요 17:3).

그렇습니다. 영생은 유일하신 참 하나님과 그가 보내신 예수 그리스도를 아는 것입니다. 전도할 때 "영생을 얻으려면 하나님을 믿으세요"라고 말합니다. 하지만 알아야지 믿지 않겠습니까? 믿을 만하니까 믿고, 알아야 믿습니다. 아는 만큼 믿음이 생깁니다.

믿음의 조상인 아브라함은 하나님에 대해서 어디까지 알았을까요? 그는 하나님이 생명의 주인이심을 알았습니다. 그래서 이삭을 번제단에 올려놓을 수 있었습니다. 설사 이삭을 번제물로 바치더라도 하나님이

만지시면 언제든 다시 살아날 수 있다는 사실을 알았고 믿었기 때문에
그럴 수 있었습니다. 아브라함은 부활의 하나님을 믿었던 것입니다.

> "아브라함은 시험을 받을 때에 믿음으로 이삭을 드렸으니 그는 약속
> 들을 받은 자로되 그 외아들을 드렸느니라 그에게 이미 말씀하시기
> 를 네 자손이라 칭할 자는 이삭으로 말미암으리라 하셨으니 그가 하
> 나님이 능히 이삭을 죽은 자 가운데서 다시 살리실 줄로 생각한지라
> 비유컨대 그를 죽은 자 가운데서 도로 받은 것이니라"(히 11:17-19).

이처럼 기독교는 믿어서 아는 게 아니라 알아야 믿는 종교입니다. 헌
신은 하나님을 아는 크기에서부터 나옵니다. 계시된 하나님의 말씀을
알아야 믿음이 자랍니다. 그러니까 성경이 이해되지 않고 다른 자료들
과 상충하는 듯 보여도 성경을 의심해서는 안 됩니다. 우리는 성경에 대
해서 얼마나 무지한지 모릅니다. 성경이 진리라는 전제하에 성경과 다
른 내용의 자료들이 왜 존재하는지에 대해 답을 찾기 시작하면 답이 나
오게 되어 있습니다.

특별히 창세기 1장부터 11장은 의문이 가장 많이 일어나는 곳입니다.
얼마나 많은 이단이 이 부분에서 우리를 혼란스럽게 하는지 모릅니다.
또한 이 부분을 실제 역사의 이야기가 아니라 신화로 말하는 사람들도
있습니다.

이렇게 창세기 1장부터 11장을 오해하면 성경을 보는 시야가 틀어지

게 되어 있습니다. 이것이 바로 내가 부족하지만 창세기를 연구해서 책으로 내게 된 동기입니다. 나는 창세기를 공부하면서 하나님의 크심과 인간을 사랑하시는 그 마음의 넓이를 조금이라도 알게 되는 영광을 누렸습니다.

앞으로 창세기 12장부터 50장까지 〈아브라함〉, 〈야곱〉, 〈요셉〉을 계속 연구해서 《김남국 목사의 창세기 파헤치기》라는 이름의 시리즈를 연이어 내려고 합니다.

성경에 관심이 있는 후배들이나 성도들에게 하나님의 말씀이 조금이라도 해석되어지기를 간절히 바라는 마음입니다. 부디 성경에 관심을 가지고 연구하는 책들이 이 땅에 넘쳐나길 기대하면서 하나님께 감사와 영광을 올려드립니다.

한 눈으로 보는 창세기 1–11장

단락	1단락. 창조		2단락. 죄와 죄된 문명	
장	1장	2장	3장	4장
장별 주요 내용	하나님의 자기 선포	6일간의 창조를 마치시고 7일째 안식하심	**인간의 불순종과 그 결과** −인간에게는 벌이 주어지고 땅이 인간 대신 저주를 받음 (가시와 엉겅퀴등장)	**최초의 살인사건** −죄를 다스리지 못하는 가인 −의인 아벨의 죽음
	6일간의 창조 (창조의 큰 그림)	**인간을 중심으로 본 천지창조** −인간을 에덴동산에 두시고 언약(선악과)을 맺으심	인간의 문명 속에 드러나는 죄의 가중성	**하나님 앞을 떠난 가인의 자손** −죄 된 문명 속 죄가 가중됨
	하나님이 보시기에 심히 좋으신 세상	남자와 여자의 연합	하나님이 인간을 에덴에서 쫓아 내시고 근원된 땅을 갈게 하심	

장별 주제	목적이 있는 창조	하나님과의 언약이 안식의 근거	죄(불순종)로 인한 하나님과의 멀어짐	인간의 문명 속에 드러나는 죄의 가중성

3단락. 셋에서 노아까지–심판과 구원		
5장	6–8장	9장
가인과 다른 셋으로 이어지는 아담의 계보 – 죽음을 극복하지 못하는 인류	사람의 죄악이 세상에 가득함	새 인류 노아와의 약속 (무지개 언약)
세상에서 죽음을 보지 않고 사라진 에녹	**홍수 심판** – 하나님의 말씀대로 순종하여 방주를 짓는 노아 – 구원받은 노아의 가족	
하나님의 안위를 보여줄 노아	방주에서 나온 후 번제를 드리는 노아	노아의 실수와 세 아들에 대한 축복과 저주

4단락. 새로운 민족들의 흩어짐과 아브람의 등장	
10장	11장
노아를 통해 생겨난 여러 민족과 백성	인류가 자기 이름을 내기 위해 시날 땅에 바벨탑을 쌓으므로 열방으로 흩어짐
함의 자손 중 강성한 니므롯의 나라 (시날 땅 바벨로부터)	아브람으로 이어지는 노아 아들들의 족보
셈의 족보가 갈라짐	

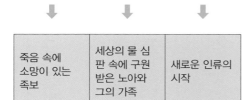

죽음 속에 소망이 있는 족보	세상의 물 심판 속에 구원받은 노아와 그의 가족	새로운 인류의 시작

여전히 죄를 극복하지 못하는 인류	아브람을 통한 믿음의 인류 시작